赤坂真二 & 堀 裕嗣 直伝！ 最強の学級開き

赤坂真二・堀 裕嗣 編著

明治図書

赤坂真二のまえがき

　こんにちは，赤坂真二と申します。小学校に19年勤め，現在は教職大学院と呼ばれる教員養成の専門職大学院で教員をしております。昨年度の春，明治図書さんの企画で発刊された雑誌の特集に対する読者の皆さんの反応が大きかったのを受け，堀裕嗣先生のお声かけで本書の刊行が実現しました。

　本書のテーマは，学級開きです。「一年の計は元旦にあり」などと言います。何事も始めが肝心ということでしょう。これが，お正月だったら気分の刷新や決意表明など「自分の内なる世界」の営みになりますから，違っていたら，次の日に「やっぱりやめた」ですむことでしょう。しかし，学級開きはそうはいきません。児童生徒というこれから学級を一緒につくる，協働のパートナーがいます。学級開きに「こうします」「こうしましょう」と一度口に出したことは，そう易々と変えることができません。

　学級経営は，マイカーでの移動とは違います。自分の意思だけですぐに方向転換できません。また，電車のように行き先が，線路によって決まっているわけではありません。ちょうどそれは，大きな船で旅をするようなものかもしれません。実際に船の方向転換は，かなり難しく，スピード，船の大きさ，重さ，海流の様子を判断しなくてはなりません。大きな船になると１キロ先の障害物も除けきれないことがあるそうです。急な方向転換は，座礁や転覆のリスクを伴います。そもそも船出したばかりで行き先を変えたら，船長への信頼を失います。信頼を失った船長は，もはやその旅を先導することは不可能です。

　マネジメントの視点から言えば，学級経営の初日は，極めて重要です。初日の設計の仕方は，その教師の１年のビジョンを示すのです。初日に無策な教師はほとんどいないだろうし，そもそも本書を手にしないことでしょう。初日に無策であることは，出会いにおける人に対する敬意がなさ過ぎます。みなさんも初対面の方に会うときは，少し服装や言葉遣いを正そうとすることでしょう。服装や言葉遣いに対する印象は，その後の人間関係にけっこう

重要な影響を及ぼすことを経験的にご存じなのではありませんか。出会いのときを粗末にする姿勢は，すぐに児童生徒に見抜かれ，それがそれからの日々のあちこちで表出することでしょう。

　本書を読むと各執筆者が，児童生徒との出会いを豊かにしようと様々な工夫を凝らしています。そこに一人ひとりの教師の個性や考え方の違いが表現されているように思います。しかし一方で，ある程度の傾向が見られると思います。特に，小学校と中学校の違いは明らかではないでしょうか。ひと言で義務教育とは言いますが，そのシステムの違いは思いの外大きいというのが，あちこちの小中学校を支援させていただいている際の印象です。その違いが，ときには小中の連携を阻む要因になっていると思います。

　しかし違いを乗り越えるためには，まずは，それを知ることです。小学校の教師には，中学校の実践を読むことを，そして，中学校の教師には，小学校の実践を読むことをお勧めします。初日の設計の仕方が，小学校生活，中学校生活のあり方を象徴しています。初日の姿から，それぞれのあり方を推察することで，連携のヒントを得ることができることでしょう。小学校は中学校のあり方を知ることで，児童がどういう世界に行くのかを知ることができます。それによってそこに必要なものを身につける見通しが立ちます。また，中学校は小学校のあり方を知ることで，生徒がどういう世界から来ているのかを知ることができます。そして，生徒たちが何を求めているかを知り，必要なサポートを構想することができるでしょう。

　クロストークでは，学級開きの話を発端にして，小中学校のあり方を見据えた議論をしたつもりです。「社会に開かれた教育課程の実現」をねらう時代に，まず実現したいのは小中の連携だと思っています。義務教育が一貫性をもつこともできずに，社会との連続を考えることなどできるのでしょうか。学級経営の初日は，単にセレモニーに非ず，実に意味深い日なのです。本書が，小中連携を促すためのヒントを示す１冊になることを願っています。

2018年1月　　移動中の新幹線の中で

堀裕嗣のまえがき

　こんにちは。堀裕嗣です。

　「学級開き」をテーマに、「授業力＆学級経営力」誌2017年４月号（明治図書）を赤坂真二先生と一緒に編集させていただきました。この号が瞬く間に売り切れ、たいそう評判が良かったものですから、その内容を下敷きに本書を編集しました。時代に即して移り変わっていくものと時代が移り変わっても決して変わらないものとがバランスよく配置された、よい内容になったなと自負しております。本書にはまさに、「いま必要なこと」が書かれたように思います。

　「学級開き」は何度経験しても緊張するものです。

　2017年度は中学２年生38名の担任。教職27年目で13回目の学級開きに臨んだわけですが、それだけ経験してきてもやはり独特の緊張感があるものです。特に2005年度以降は学年主任として、「学級開き」は自分の学級だけでなく、常にすべての学級をスムーズにスタートさせることを義務づけられてきましたから、緊張感もひとしおでした。

　学級開きの緊張感を経験するたび、私はいつも４月の休日に、ふと私を担任してくれた先生方を思い出し、頭の中でしばし過去と戯れます。かつての恩師たちは既に鬼籍に入られた方も少なくないのですが、あの先生はどんな思いを抱きながら私たちと出会ったのだろう……そんなことを思うのです。ある年の担任は退職まであと数年という時期。きっと「もしかしたらこの学級が最後の担任学級になるかもしれない」なんて思いを抱いていたのではないか。

　ある年の担任は新婚ほやほや。しかも私たちを担任して夏には子どもが生まれましたから、学級開きの時期には仕事と家庭への配慮でたいへんだったに違いない、それにしてはずいぶんと迷惑をかけたなあ……なんてことも思います。

ある年の担任は四十代前半のバリバリ。生徒指導担当で，学校で一番怖い先生との評判。ああ，「絶対に自分の学級を崩すことなんてできない」とのプレッシャーに苛まれていただろうな。そんなことも思います。

　私たちはいま，当然のように学級開きを迎えます。自分の仕事として。そして，子どもたちを成長させるのだと決意して。さらには自分にはその資格があるのだというプライドとともに。しかし，私たちの中には間違いなく，かつてお世話になったあの先生方が無意識のうちに生きています。学級活動のイメージ，行事への取り組みのイメージ，生徒指導で子どもたちにどう接するべきかというイメージ，子どもたちに語りかける作法のイメージ，必要事項を板書するときのイメージ……。私には自分が何気なく施した教育活動に「あっ，あの先生の真似してる…」と気づかされることがよくあります。自分が好きだった先生ばかりでなく，自分が嫌いだった先生でさえ，反面教師として自分の中に機能させているなあと感じることがよくあります。

　もちろん，これはかつての恩師に限ったことではありません。かつての教え子に対する指導，成功事例であろうと失敗事例であろうと，当然のようにその経験を活かして学級開きにも生徒指導にもあたっています。

　そんなことを考えていると，かつての先生方とも，かつての教え子たちとも，確かに１年か２年という短い期間とはいえ，「ああ，人生が交差していたのだなあ……」と感じるのです。

　「学級開き」とはおそらく，自分にも子どもたちにも，その後の人生に無意識に影響を与えてしまうような「人生の交差」が始まる，そんな瞬間なのかもしれません。そう考えると，自分のできる最大限の準備，最大限の配慮をして臨まなくてはならない，素直にそう思えるのです。

　　　　　　　2018年１月　　小さな頃／八神純子 を聴きながら……

Contents

赤坂真二のまえがき ……………………………………………………2

堀裕嗣のまえがき ………………………………………………………4

赤坂真二 × 堀　裕嗣 のクロストーク…10

1章 【小学校】 学級を最高のチームにする 赤坂真二の学級開き・授業開き

学級開きのパスワード／赤坂真二 …………………… 22

最初の3日間　一人残らず笑顔にする

出会いの演出のアイデア ……………………………… 28

自己紹介のアイデア……………………………………… 32

安心の場づくりのアイデア …………………………… 36

ほめる・叱る・やる気にするアイデア……………… 40

6

最初の7日間　教師指導優位で集団をつくる

「聞き方ルール」を確立する …………………………………………… 44

日直のシステムをつくる ………………………………………………… 48

係活動のシステムをつくる ……………………………………………… 52

給食当番のシステムをつくる…………………………………………… 56

掃除当番のシステムをつくる…………………………………………… 60

最初の30日間　子どもの自由度を増やしチームにする

学級目標をつくる ………………………………………………………… 64

「チーム」になる意味を伝える ………………………………………… 68

ゲームで雰囲気をつくる ………………………………………………… 72

学級の最小単位を鍛える ………………………………………………… 76

小集団を鍛える …………………………………………………………… 80

全員で課題達成の経験を積む…………………………………………… 84

クラス会議でチームにする ……………………………………………… 88

学級を自治的集団にする

自分たちで問題を解決できる集団づくり …………………………… 92

Contents　7

最高の授業開きネタで学級をスタートする

1年　みんなができて，みんなが楽しい国語の授業開き…………… 98

2年　みんなで楽しく，みんなができる国語の授業開き……………100

3年　友達との仲を一気に縮める！　風船で体ほぐし運動 ………102

4年　授業開きで楽しくつかえる国語ネタ ……………………………104

5年　持続可能な社会づくりの担い手とみつめていきたいこと …106

6年　学びの楽しさを味わう授業開き…………………………………108

中学校

2章　90日間システムで必ず成功する堀　裕嗣の学級開き・授業開き

学級開きの10原理／堀　裕嗣 ……………………………………………112

最初の3日間　学級開き10原理を意識する

余裕のある対応で生徒たちとの心理的距離を縮める ………………118

最初の7日間　学級のシステムを確立する

規律を求める姿勢を示す ………………………………………………124

システム1　日直を機能させる ………………………………………128

システム2　給食の公平性・効率性を確保する………………………132

システム3　清掃活動の公平性を徹底する……………………………136

システム４	最初の行事を念頭においた班づくり	140
システム５	仕事内容に配慮して係分担を行う	144
システム６	席替えのルールを徹底する	148
システム７	机間巡視・小集団交流を念頭に座席を配置する	152

最初の30日間　学級のルールを定着させる

生徒の視覚に訴えながら，考える集団をつくる …………………………156

最初の90日間　授業のルールを定着させる

全員参加に向けた授業のＵＤ化を目指す ………………………………162

最高の学級開きネタで学級をスタートする

１年	エピソード暗唱で心をつかむ	168
２年	縦の関係をつくる「未来日記」	170
３年	笑いを共有することで学級のスタートに弾みをつける	172

執筆者紹介…………………………………………………………………174

赤坂真二 × 堀 裕嗣 のクロストーク

楽しさと丁寧さ─学級開きの優先順位

堀 僕らの世代には「学級開き」というと，何と言っても「法則化運動」が提唱した「黄金の３日間」のイメージがあります。年度当初の子どもたちが何でも先生の言うことを聞くうちに，学級づくりの基礎固めをしちゃおう……という発想ですね。担任が学級づくりの方針をきちんと話して，アドバルーン上げてくる子にはきちんと許されないことを示して，授業はおもしろいものを連続でやって子どもたちの心を鷲掴みにする，そんな提案でした。

赤坂 小学校の教師だった私にとってはこの「黄金の３日間」は，かなり印象的であり，具体性をもった提案でした。「子どもたちとの出会いに何をすればいいのか」ということは，多くの教師にとって心配の種でした。しかし，この提言は，私のような不安をもつ教師たちに力強くやるべきことを示してくれました。

堀 実はね，僕はちょっと違和感を抱いていました。

赤坂 と言うと？

堀 ちょっと言葉にしづらいんですけど，僕が中学校教師だからだと思うんです。そんな担任が子どもたちに「一斉にこっちを向け」って鷲掴みにしなくても，もっと子どもの心は一人ひとり自由でいいんじゃないかなあ……みたいな。

赤坂 それはとても興味深い指摘です。少なくても，私のまわりでは，３日間ほどでクラスの屋台骨を創り上げて，いち早く授業ができる，つまり，学校生活の日常を送ることができるように計画を立てる教師は相当多かったように記憶しています。今も多くの小学校教師と交流をしていますが，導入期は，この「黄金の３日間」がかなり意識されていると思いま

す。堀先生以外の中学校教師の皆さんも，堀先生と同じような捉えなのでしょうか。

堀 どうでしょう。まあ，そもそも「法則化運動」自体が小学校に比べて中学校にはそれほど浸透してませんでしたからねえ。「黄金の３日間」の話をほとんどしたことがないというのがほんとのところですね。

赤坂 たしかに学級経営の導入期に関して，堀先生がこれまでされてきた主張，代表的なのが「３・７・30・90」の法則だと思いますが，これなどはとてもかっちりしたシステムをつくるような印象がありますが，最初の３日間は，「厳しい指導をせず，楽しい指導」をすることが主張されています。実際のところ，堀先生は，最初の３日はどうのように過ごされるのですか。

堀 最初の３日間は厳しい指導なしとか楽しい指導をとかは当然ですけれども，何より丁寧ですよね。おそらく僕のイメージからは想像がつかないくらい丁寧ですね。特に１年生だとほんとうにゆっくり，丁寧に一つ一つ確認していきますね。楽しく学級開きで「おもしろい先生」というイメージを抱かせようというよりは，丁寧でわかりやすくて「ああ，信頼できそう，頼りになりそう」っていうイメージを抱かせようという感じでしょうか。

赤坂 なるほど，堀先生と丁寧さというのは，ちょっとイメージしにくいかもしれませんね。豪快で，細かいところにはこだわらないといった印象をおもちの方は多いかもしれませんね（笑）。しかし，私はとっても素直に理解できたつもりです。

というのも，数年前，堀先生が小学生に国語の飛び込み授業をした場面を拝見したことがあります。それまで堀先生に抱いていたイメージとは全く異なる姿が，教壇にありました。にこやかで柔らかい表情で佇み，とても丁寧な言葉で授業をされていました。

丁寧だったのは，佇まいや言葉だけではありません。ノート指導においても，書き出しのマスを示し，１行空けるときは，黒板に薄く○を描

いてから「ここ，1行空けます」と伝えながら，何度も確認しながら進めていました。授業が終わってから，私の隣にいた小学校教師が，「中学校の先生があそこまで丁寧に指導するのだったら，自分の指導を見直さなくては」とつぶやいていたのが印象的でした。堀先生は，丁寧さを信頼につなげているのかもしれませんね。

堀　法則化の「黄金の3日間」には違和感を抱いたけれども，野中信行先生の「3・7・30の法則」には膝を打ちました。それはなぜなんだろうと考えると，野中提案が「システム」だからなんですよね。システムってのは最低限敷かれる枠組みのことで，心は自由なわけです。大袈裟に言えば「内心の自由」は保障されてる。でも，「黄金の3日間」にはそうじゃない。そういうことだったんだろうなと。

　最近，「協同」とか「ＡＬ」とか「主体的・対話的」とかが流行しているわけですけど，どこかそれが強制になっていてそこからこぼれ落ちる子どもたちがいることがあんまり想定されていない気がして。でも，これも「内心の自由」を保障する構えをちゃんともたなくちゃいけない。そう思うんです。で，そこに必要なのは「楽しさ」が優先順位の1番じゃなく，「丁寧さ」なんだと思うわけですね。

赤坂　小学校教師が気をつけなくてはいけないところはそこかなと思いました。実際にそういう雑誌のタイトルもありましたが，小学校の学級経営は「楽しい」という文脈で語られてきたところがあると感じています。その「楽しい」ということは大筋で間違っていないとは思いますが，その解釈は個々の教師によってグラデーションがあるなと感じています。

　ともすると「派手な」パフォーマンスや「盛り上がる」ゲームが，学級経営の必須のアイテムみたいな捉えになっている部分もあると思います。たしかに，パフォーマンスもできた方がいいし，ゲームもたくさん知っている方がいいと思います。しかし，それは誤った使い方をすると，「強制」の方向に向かわせてしまうように思います。教師のパフォーマンスに興味をもてない子もいるだろうし，また，ゲームが苦手な子だっ

12

て当然いることでしょう。「楽しさ」というのはやり方を誤ると，一緒に楽しむことを強要することになりかねないですね。ときに，「楽しさ」のベクトルは，「みんなで楽しむ」，「みんなが楽しい」などの「集団」に向かいがちです。一方，「丁寧さ」のベクトルは，「個」であり，したがって，学級開きにおける優先順位としては，高くすることはとても妥当だと思います。

統率型と協同型—学級経営のシステム

赤坂 ここまでのやりとりで，「黄金の３日間」が，統率型の学級経営に馴染む主張だと言うことがわかりました。たしかに学級崩壊が顕在化してきた2000年くらいには，小さな緩みやゆらぎを放っておくと，学級全体が荒れてしまうといったことがあったのかもしれません。そういう状況で，子どもたちが言うことを聞いているうちに必要なことをしつけてしまおうということは理解できます。つまり，教師と子どもの垂直関係を最初に確立してしまおうという戦略です。

しかし，近年主張されてきた「信頼ベース」の学級経営やファシリテーション型の学級経営では，また，異なる戦略が必要なのかなと思います。当然，学級開きのあり方も統率型と違ってくるように思いますが。そこら辺はどうお考えになりますか。

堀 基本的には賛成ですね。ただ，何と言うんでしょう，「流行りもの」になってるのがちょっと気がかりというか……。協同的な学級経営ってみんなが思ってるよりもかなり高い技術が必要です。それに加えて「揺るがない覚悟」みたいなものも必要ですよね。だから，手を出して失敗しちゃって，よけいに苦しい１年間を過ごすことになったって人をけっこう見てる……。

赤坂 と，すると，統率型も協同型も「流行りもの」的な要素があり，何か大事なことが欠落している，それは，「覚悟」をしている教師も同じだということですか。

赤坂真二×堀　裕嗣のクロストーク

堀　　うーん……。難しい問題ですねえ。協同型で失敗してる人は１学期の段階で支援を要する子の対応に苦慮しているうちに，本気で細かく準備して全体に投げかけなきゃならないのにそれができなくて，そのうち子どもがゆるんじゃって……。そうこうしているうちに，支援を要する子の保護者や，できる子の保護者からの「担任はちゃんとやってんのか！」みたいなクレームにやられちゃって……。子どもに話し合わせようとしているうちに，管理職から早く結果を出せと迫られ……。こんなことが要因になってるような気がしますね。だから，周りと合わせることを考えずに一人でやろうとして，環境的な矛盾にやられちゃう。そんな事例が多いように思いますけどね。

赤坂　ああ，なるほど，「ゆるみ型」の学級崩壊ですね。伝統的な「ゆるみ型」に，周囲との「環境不調和」みたいなことを起こし，仕事に対するエネルギーが枯渇し，子どもに向き合えなくなっていくわけですね。

　　　一方で，伝統的に管理統率型で失敗している人もいますね。彼らは，最初はいいようですね。「黄金の３日間」で見られるように，最初，ビシバシと迫り学級をつくります。しかし，５月くらいまでは子どもたちが言うことを聞いているようですが，行事などを境に子どもたちとうまくいかなくなり，みるみる学級が荒れていく。よくもって10月くらいまで。小学校４年生によく見られるパターンです。最初は従順なので，本当にうまくいっているんです。

　　　しかし，２学期半ばくらいからコントロールが効かなくなってくるようです。話が，ちょっと学級開きから離れてきましたが，年間の営み抜きに独立した学級開きがあるとは思えないので，このまま話を進めさせてください。そうなると，統率型もダメ，協同型もダメというか，それぞれにうまくやっている人もいるのでしょうが，年間のスパンで考えるとどのようにしたらよいとお考えですか。

堀　　たぶんね，これがいいという年間の目処ってのはないんですよね。時代が進んで，完全に国を挙げて「協同型」ってことになればそれなりの

形もできてくるのかもしれないけれど，いまは過渡期ですからね。そうすると，学校の状況，地域の状況によって取るべき手立ても変わってしまう。がちがちに学力向上とかっていう雰囲気のところで「協同型」を……っていうときには，取り入れる際にかなり「調和」を考えなくちゃならなくなる。思想的にも技術的にも職員室運営的にも。かなり高度ですよね。

赤坂　過渡期においては，望ましい学級経営の在り方を自分でしっかりと考えて，決めて，それを周囲と調和する形で表現していかなくてはならないわけですね。まさに，教師の仕事こそ思考力，判断力，表現力が求められますね。

　　小学校では，最初は垂直関係の確立から入って，学級の屋台骨をつくったところで水平関係，つまり自分と子どもの感情交流や子ども同士の信頼関係をつくっていくのがうまくいくパターンだという人がいます。つまり，教師主導型から児童中心型の学級にするわけです。このときに当然，リーダーシップの変換が必要になってきます。最初から，水平関係でいこうとするとゆるんで崩壊，一方，垂直だけでいこうとすると反抗されて，これも崩壊となるようです。中学校の先生も，こうしたリーダーシップの変換というのは意識されているのでしょうか。それとも，あまり意識されないのでしょうか。学級担任システムと教科担任システムは，同じ学級担任という名前でありながら，両者における役割はかなり違うと感じています。

堀　　だから中学校では学校一致の学級システムを敷くわけですよね。例えば日直・給食・清掃といった当番活動の在り方とか，学級組織とか，席替えの方法・時期とか，そうしたものをすべての学級で一致したシステムを敷く。システムというのは堅苦しいようですが，「これだけ守ればあとは自由」ということでもあるんです。それでいて，そのシステム自体は全職員が知っているわけだから，どの学級の子が守っていなくても誰もがあの子は守っていないとわかる。子どももあの子が守っていない

とわかる。

　システムには担任が子どもの枠組みを決めるというだけでなく，担任が毎日やらなければならないことも必然的に規定される。担任も人間だから今日はいいかな……みたいなゆるみたい日もある。でも，それが許されない。なぜ許されないかというと，子どもたちが担任はいまこれをしなければならないと知っているから。要するに，国民を縛るだけじゃなくて権力者の暴走をも縛る「憲法」みたいな思想に支えられているわけですね。だからシステムってのはもちろんちゃんとしてなきゃいけないけれど，ほんとうに誰でもできるような現実的なものでなくてはいけない。そういうことなんですよ。

　こうして教師も子どもも最低限のシステムだけは守りながら，その枠組みに違反しない範囲で臨機応変に動いていく。この枠組みは越えないというものがあるから，日常に対する安心感をもてる。その中でどうしたら協同的な取り組みができるかと頭をひねって工夫するわけですね。

学級崩壊と校内暴力―学校運営の組織力

赤坂　実に面白いですね。そして，妙に納得がいったことがあります。私の勤める教職大学院には，現職と学卒の院生が居ます。現職院生は，中学校教師と小学校教師からなります。カリキュラム上，私たちの教職大学院は協働を院生に求めます。そうすると，小学校教師と中学校教師と学卒院生が同じグループで学ぶわけです。そうすると，明らかに小学校教師と中学校教師では，違いがあるのです。

　小学校教師は，個の独自性を求めます。課題をまとめるときに，小学校教師は，Ａ，Ｂ，Ｃ，Ｄというパーツがあったら，それを集めて「アルファベット」という塊をつくります。互いの作業領域は侵さないようにします。一方で，中学校教師の場合は，まず共通のルールや基準をつくります。だから，まず「アルファベット」という塊をつくってから，その枠の中で，Ａ，Ｂ，Ｃ，Ｄをつくります。小学校教師の成果物は，

個性が溢れています。一方で，中学校教師の成果物は，統一感があります。両者が協働するときには，まず，その仕事のやり方の違いに驚きつつ，そこをすりあわせるところからやっているようです。元小学校教師の自分から見ると，そうした中学校教師のやり方は，効率的だけども圧迫感があるなと感じることがありました。

しかし，堀先生のお話を聞いて考え直しました。その枠は，個人のパフォーマンスを守るものだということですね。統一の基準，つまり，システムはそれをやっておけば，あとは自由だという思想ですね。これは力量差がある場合など，合理的で配慮のある方法だと思いました。

今，小学校の現場では統制が進んでいるようです。配布物（学級通信など）や掲示物（学級目標のあるなし，その場所など）は勿論，授業のすすめ方などです。自分が現場にいたときよりも随分窮屈になっていると感じます。堀先生から見ると，小学校はどう見えるのでしょうか。

堀　その話は統一すべきところを間違えてる感じがしますね。僕がさきほど言った統一箇所は当番活動とか学級組織とか席替えとかですよね。子どもたちが実際に動く場面なんです。ある学級は頻繁に席替えするのにある学級は半年も席替えをしないとか，ある学級は掃除で毎日水拭きするのにある学級は週１回金曜日にしかしないとかがあると，不公平感が生まれますよね。これを避けてる。次の年に学級編成をしても，学級開きでシステムをつくる必要がない。初日から子どもたちは動ける。中１の４月に覚えたことが３年間続くから，ルールを新たに覚える必要がない。混乱しないし安心できる。しかも，教師側から見ても，学級組織が一致してるから通知表も指導要録も担任じゃなくてもつくれる。こんなにいろいろメリットがある。

でも，例えば学級目標の掲示物を教室のどこに貼るかなんて，子どもの実態によるじゃないですか。支援を要する子がいて前面の掲示物は避けたいなら後ろに貼るべきだし，特に問題がないなら前に貼って後ろの掲示板は独自に使いたい担任だっている。そんなものは任せるべきです

赤坂真二×堀　裕嗣のクロストーク

よね。学級通信だって書きたいと思っている教師もいれば書きたくないと思っている教師もいる。そりゃ保護者の希望もあるでしょうから，月に一度とか２週に一度とか最低限のペースを決めるのはいいけれど，毎日出したいという担任にやめさせる必要はない。その担任が学級通信を学級経営の核にしたいのならすればいいんです。出さない担任は別のことを学級経営の柱にすればいい。

　たしかに授業の仕方については教科での統一くらいはある程度した方がいいでしょうね。ある担任は国語でほとんど作文を書かせないのにある担任は毎時間短作文を書かせるというのでは，その学校の教育課程がどうなってんのかって話にもなりますから。いずれにしても，子どもたちにいい機能を発揮する，子どもたちが困らないようにする，そこを基本に統一すべきものとそうでないのは決まるんじゃないでしょうか。決して学校の見栄えがよくなるとか学校に統一感をもたらすためとかに統一指導するわけじゃない。ここはとても大事だと思いますよ。

赤坂　組織である以上，何らかの同一歩調が求められますね。そうでないと教師もですが，他ならぬ，子どもたちや保護者が困ります。問題は，「何を揃えるか」というところでしょうか。堀先生のお話を聞いていると，中学校は不公平感をなくすベクトルでマネジメントがなされているようですが，それは，以前からそうだったのでしょうか。

　私が見たところ，小学校は，学級経営においてすら，個々の教師の自由度が減り，統制が進んでいるように感じます。それは，難しい保護者への対応や若手教師の激増が主な理由だろうと思います。小学校はもともと，他の学級と差異を生むことをよしとして来たマネジメント文化があったのではないかと思います。そもそも「揃える」という発想が弱い。しかし，近年になって学校を取り巻く環境が変わって，差異をなくすようになってきた。ただ，「揃える」ということに慣れていないために，「子どもたちの利益になる」といったベクトルではなく，「クレームがつかない」といったベクトルで「揃える」ような事例があちこちで生まれ

ているようです。

堀　中学校も昔はそういう意識だったんだと思いますよ。でも，それこそ僕らの世代の「校内暴力」で，担任一人では何もできないということを身に沁みて理解したんでしょうね。そして80年代のチーム指導の模索，90年代のシステムの模索があって，2000年頃いまの運営の仕方が固まったんじゃないかなあ……と思ってますけど。ただ，現在の小学校と違って，変わらざるを得なくした「黒船」が校内暴力だったわけで，要するに「社会」でも「保護者」でもなく「子どもたち」だったわけですよね。だから統一するものの方向性も子どもの方を向いてるんじゃないでしょうか。むしろ「社会」や「世論」に向いていたのは80年代から90年代ですよね。体罰問題とかいじめ問題とか校則問題とか管理教育批判とか偏差値教育批判とか，いろいろあったじゃないですか。たぶん中学校はそこを既に乗り越えてるんじゃないかなあ……。

赤坂　中学校には，1980年代に「校内暴力」という黒船が来航したわけですね。そして，結果的に力で制圧した形にはなりましたが，同時に，中学校現場に「生徒に向き合う」ベクトルを与えたということでしょうか。そういう流れで考えると，小学校における黒船は，間違いなく1990年代後半から2000年過ぎにかけて顕在化した学級崩壊ということになります。この子どもたちへの「荒れ」に対する対応が，小学校と中学校ではかなり異なりますね。中学校は，そのことの大きさからシステムの違いから，協働で乗り越えたということでしょうか。たしかに消化器がまかれ，校内を自転車やバイクが走るといった事態は，一人では対応できません。

　一方，小学校の教師が学級崩壊をどう凌いでいるかというと，重篤な場合を除いて個で対応しました。ある教師は，管理を一層強め，ある教師は，子どもが喜ぶ教材をふんだんに用意して子どもたちを飽きさせない人気者になり，また，ある教師は子どもたちの一挙手一投足に口を出し過干渉をすることで荒れを防ぎました。荒れへの対応で，中学校と小学校が圧倒的に異なるのが，中学校は組織戦で挑み，小学校の多くの現

場は，個人戦で挑んでいることですね。それに勝利すると，カリスマ的力量として賞賛の対象となりました。小学校の現実は，学級崩壊の問題を解決できておらず，多くの場合，いまも，個の教師が戦っています。では，中学校が安泰かというと，そういうこともないようです。やはり生徒指導困難校は各地に存在しています。表面的に落ち着いている学校とのギャップが大きいように感じています。

堀 　いやあ，もう昔のような生徒指導困難校はほとんどないでしょ。次元が違うと思いますよ。命の危険を感じることがあるのは，もうほとんどないと思います。

赤坂 　私が学級崩壊の問題で，心配していることは，小学校現場から学級崩壊を通して何を学ぶのだろうかということです。

堀 　たぶんね，学級崩壊の問題って解決してないですよね。学級崩壊起こした担任のあとを力量の高い教師がもっておさめてるだけで，学級崩壊起こした教師が1年でたらいまわしにされて，子どもや保護者が「今年はハズレだね」と思うみたいな……（笑）。ほんとは解決するには組織力なんだけど，その「組織力の統一」がいま変な方向に向いてるわけですね。きっとそういうことなんでしょうね。

赤坂 　たしかにいじめや不登校のように，じっくりと付き合っていかなくてはならない問題だと思います。学校の在り方と世の中の在り方の歪みで起こっている問題だからです。ただ，このやりとりの中で，学級崩壊の解決のヒントが，学校の組織マネジメントにあり，そして，解法のサンプルは意外と近くにあったということに気づかせていただいたように思います。ありがとうございました。

堀 　こちらこそありがとうございました。でも，最後は「学級開き」から離れちゃいましたね（笑）。

赤坂 　最初から「学級開き」の話をするつもりなかったんじゃありませんか（笑）。私たちらしい話の展開だと思いますよ。

1章

学級を最高のチームにする
赤坂真二の
学級開き・授業開き

小学校

学級開きのパスワード

1 学級開きの優先順位

　「学級開き」の日に，必ずしなくてはならないことと言ったらなんだろうか。自己紹介をすること？　雰囲気をほぐすこと？　それとも教科書を配ること？　どれもやらねばならないことかもしれないが，優先順位の一番ではない。最も優先順位の高いものといったら何を想起するだろうか。
　教師という仕事だけが特別にもっている性格ではない。教職も社会的関係における営みである以上は逃げられない構造的な問題である。それは，

信頼の獲得。

　初日に，担任としての願いを伝えようとか，ゲームをしようとか，基本的なルールをつくってしまおうとかいろいろ構想していることだろう。その一つひとつはとても大事なことだ。しかし，信頼なくして，理想を語っても，ルールをつくろうとしても，システムをつくろうとしても，それらは子どもたちに届くことはなく，子どもたちの頭上に透明のドームがあるかの如く，彼らを避けて周囲に滑り落ちていくことだろう。つまり，

あなたの言葉は信頼なくして届かない。

　多くの教師が，「信頼関係が大事だ」と言う。そう言いながら，忙しくな

ってくると子どもたちの話を聞かなかったり，子どもたちとのふれあいを後回しにしたり，子どもたちの前で不機嫌な顔をして，彼らをガッカリさせるようなことをする。多くの教師が意図的にそれをしているわけではないが，多忙さは教師をして，知らず知らずにそうさせてしまうのである。

　ほとんどのクラスは，ざっくりと分けて，積極的に教師を好意的に見てくれる「協力層」と，その反対に懐疑的な「非協力層」，そして，どっちつかずの「中間層」の三層が混在している。前二者がそれぞれ2割，合計4割で，後者が6割くらいで多数を占める。

> 　学級が荒れるのは，中間層が教師や学校生活に対して非協力的な行動に出たとき

である。

　中間層の非協力的な姿が見られるのが，5月の終わりから6月にかけてなので，「6月危機」とか「魔の6月」などと，小学校の学級経営で言われるのである。しかし，それは顕在化する時期のことであり，子どもたちの内面では，ゴールデンウィークくらいには，もうすでに中間層の教師に対する評価が決まって来ているとみられる。

　中学校でもいじめの件数が増えるのが6月であるというデータを示す自治体がある。中学校でも同様の構造があると推察される。学級開きから始まる導入期に，信頼関係の構築を怠ると，「最初はあんなにかわいかった子どもたちがなぜ？」という事態に陥るのである。

　そのような事態を招いてしまう理由としては，信頼に対する認識が甘いことと，それを構築する技術の不勉強が指摘できる。本稿では，学級生活の円滑なスタートのために，この二つに対する備えについて述べたいと思う。

1章　学級を最高のチームにする赤坂真二の学級開き・授業開き　23

2 信頼は社会の複雑化とともに

　まず，学校教育だけでなく，社会の様々な場面で信頼は必要だと言われている。しかし，普段あまりこれについて深く考えることはないのではないだろうか。みなさんは，どのようなときに対象を信じるに足ると判断するだろうか。信頼に関する研究から次のようなことが指摘されている。

　風邪を引いて医者に行く。それは，治してもらうことを期待しているからである。また，お店に行って物を買う。それは，欲しい物を手に入れるためである。私たちは，対象が抱いた期待に応えたとき，また，期待以上のものが得られたときに相手を信じる。病気を治してくれない医者や，不良品を売る店を信頼することはない。

　一方で，家族に対しては信頼という言葉をあまり使わないのではないだろうか。子どもが「お母さんを信頼している」とか，弟が「兄を信頼している」と言ったら，少し距離を感じないだろうか。それは信じることを前提としている関係だからだ。むしろその言葉を使うことによって「なにかあったのか」と勘繰ってしまいたくなる。私たちは，信頼しているから医師に体を委ねることができる。また，信頼しているから，飛行機，電車，船に乗ることができるのである。保険に加入したり銀行にお金を預けたりできるのも同じだ。

　世の中が，家族や同族で構成されていた単純な構造のときは，信頼は必要なかったのだ。日常的に触れ合っているのでおおよそのことを把握することができるからである。しかし，社会が複雑化してくると，その隅々までを理解することはできない。医療技術のすべて，また，医者の人柄をすべて把握することは無理である。それでも医者に行く。自動車が動くメカニズムをすべて知らない。しかし，私たちは自動車に乗る。それは，必要だからだと言うかもしれないが，病気を治してもらえない，また，故障するだろうと思ったらその医者には行かないし，その車には乗らない。つまり，信頼が基盤に

あって，必要感が成り立つのである。人は，複雑化した社会を機能させ，そこに関わっていくために信頼というしくみを創り出したと考えられる。

つまり，把握しきれないリスクを伴う対象と関わるためには，信頼というしくみが必要なのである。

> 信頼は，よくわからないけど，「まあ，大丈夫だろう」と複雑なものを単純化し，理解しやすくしてくれる

のだ。この構造は，教師と子ども，教師と保護者の関係にもそっくり当てはまることがおわかりだろう。教師は，子どもたちのことをある程度わかっているのかもしれない。しかし，子どもたちや保護者は，ほとんど教師のことを知らないのである。かつては，教師という身分が，信頼のブランドだった。ところが，世の中の複雑化，そして様々な教育に関わる不幸な出来事が報道されるようになり，教師が信頼の対象だった時代は終わった。そのことは，誰よりも教師であるみなさんがよくご存知のはずだ。

子どもたちや保護者にとって，学校は未知の部分をもった世界である。その入り口として教師がいる。学校や学校教育に子どもたちや保護者が関わっていくためには，信頼が必要なのだ。教師が，教育という使命を果たすために，信頼を獲得することは，必須なのである。

3 信頼獲得のルーチン

信頼関係の構築がこれほど大事なのにも関わらず，その優先順位が上がらないのは，医者やお店と違って，学校教育においては，子どもたちに選択肢が保証されていないからである。多くの子は，教師を信頼していなくても登校せざるを得ない。みんなが通っている学校に，行かないことを選択できるのは，よほど根性のある子だ。大勢がやっていることをやらないのもかなり気力がいることだろう。

1章　学級を最高のチームにする赤坂真二の学級開き・授業開き　25

行きたくない学校に行っている子どもたちが，自分を守る手立ては，やる気を失うことだ。

積極的に関わらないという選択

である。そういう選択をした子は，日常を受け流すようになる。従順さと引き替えに，やる気という成長のためには何よりも大切なエネルギーを消失させるのである。取りあえず子どもたちが学校に来るものだから信頼関係の構築を後回しにしても，授業や行事などの教育活動の進行が優先されてしまうのである。しかし，子どもたちを我慢させた代償は決して小さいものではない。早くて5月，遅くて，10月や2月に，学級の荒れとして表出することがある。

信頼関係の構築の優先順位を上げるためには，それを努力事項にしないことである。思いついたときにジョギングをすることにしていたら，継続するだろうか。恐らく無理だ。毎週，何曜日の何時から何分間走る，というようなルーチンにすることである。信頼構築のためのルーチンをもつことだ。残りの紙幅で，信頼獲得のルーチンのいくつかを示しておく。

❶ふれあうこと

信頼は，不安を乗り越えるための人々が創り出したしくみだ。安心と表裏一体である。安心を感じさせることが信頼獲得の第一歩だ。子どもたちは，何の保証もなく信頼をしない。信頼されるためには，ふれあいの時間が必要である。子どもたち一人ひとりに笑顔を向け，あたたかな声をかけ，あたたかく名前を呼ぶ。子どもたちとおしゃべりしたり，笑い合ったりする時間を毎日，少しでもいいから確保する。

❷一緒に居ること

体がそこにあっても心がそこになければ一緒に居ることにはならない。お

しゃべりしても遊んでも，次の時間のことや校務のことを考えていれば，子どもたちはすぐに気づく。あなたが「そこに居ない」ことを。「一緒に居る」ためには，目の前の子どもたちに関心を向けることだ。おしゃべりするとき一緒に遊ぶとき，それを心から楽しむことである。

❸不信をコントロールすること

　信頼を獲得するばかりではなく，不信感を抱かせるような行動をしないことだ。意外と思われるかもしれないが，それには，予想外の行動をしないことである。例としては，言っていることとやっていることが違う，理由もわからず叱るなどがあげられる。

　予想されないことの連続は不信感を抱かせる。しかし，日常は予想されないことの連続である。いつも子どもたちの予想通り行動することは至難の業だ。だから，普段から感情を穏やかにし，考え方やほめる（喜ぶ）／叱る基準を知らせ，子どもたちにとって予想外の行動と受け取られてしまうリスクを下げておく。「先生はきっとこうするだろう」「これは，きっと叱るだろう」と予想ができるだけの材料を示しておくのである。自己開示は，信頼を獲得するための重要な配慮であり，スキルである。特に最初は大事だ。

❹勇気づけること

　子どもたちの期待として大きいのは，関心を向けて欲しい，認めて欲しいといったものの他に，やる気にさせて欲しいというものがある。呼吸するように歩くように，当たり前に子どもたちを勇気づけたいものだ。

　子どもたちが，学校生活や教師とアクセスするためのパスワードが，信頼である。そして，そのパスワードの一文字目が，「安心感」なのである。みなさんは，学級開きの日に安心感，とりわけ教師であるあなたに対して安心感を抱かせるために何ができるだろうか。

（赤坂　真二）

1章　学級を最高のチームにする赤坂真二の学級開き・授業開き　27

最初の3日間　一人残らず笑顔にする

出会いの演出のアイデア

1 第一声は声を張る！

　始業式で担任の名前を呼ばれたら，いつもよりも声を張って，「はいっ」と答える。はつらつと子どもたちの前に立つ。「今度の先生は元気でいいな。楽しい1年間になりそうだな」という予感をもってもらうのである。
　そして，表情は笑顔である。「みんなに出会えてうれしい」と思っていることが表情で伝わるようにする。

2 簡単黒板アート

　黒板いっぱいに広がるイラストとメッセージの黒板アートで，教室に子どもたちを迎える。
　「絵心のない私にはちょっと…」と思ってしまうが，これが簡単にできる方法がある。
　まず，パソコンかスマホを使い，インターネットの画像検索でイラストを検索する。
　次に，気に入った画像をプロジェクターで黒板に映す。
　それをチョークでなぞる。
　これだけである。
　これなら，絵が苦手な人でも簡単に黒板アートができる。
　「進級おめでとう」のメッセージとともに，黒板いっぱいに広がるイラス

トは，教室に入った子どもたちにとってインパクトのある黒板メッセージとなる。

3 メッセージ付き座席札

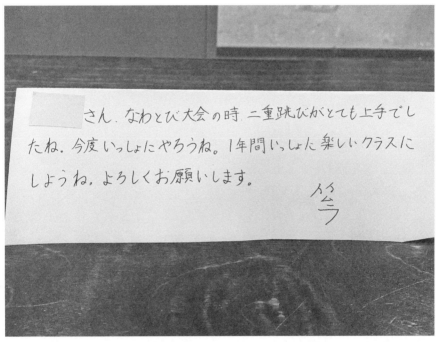

　教室の子どもたちの机の上には，メッセージ付きの座席札を準備しておく。そのために，事前に前年度の担任から子どもたち一人ひとりのよいところを聞いておく。聞いたことの中で「これ」と思うことを使ってメッセージを書く。

　子どもたちは「なんで自分のことを知っているのか」と驚く。そして，自分のよいところを知ってくれている新しい担任に好感をもつ。

4 拍手で教室の空気を温める

　教師が子どもたちのいる教室に入るときのことである。

　このとき，当たり前だが，拍手は起きない。

　ここで，「先生は，これから1年間，みんなのために一生懸命がんばろうと思っています。拍手で迎えてくれたらうれしいなあ」と話す。

　続けて教師は「ちょっと練習しよう」と言い，拍手の練習をさせる。

　拍手のコツは「強く」「細かく」「元気よく」であることを教え，実際に拍手をさせる。このとき楽しい雰囲気でやることがポイントである。

　教師は，「では，もう1回教室に入ってくるから拍手で迎えてね」と話し，廊下に出る。そして，教室に入る。

　今度は大きな拍手で迎えてくれる。

　教師は満面の笑みで「とてもよい気分です。ありがとう。これから1年間みんなのためにがんばっていこうと思えました。これからも，先生や友達に温かい拍手ができるクラスにしていこうね」と話す。

　なお，拍手の最後に「よーお」と声を掛けたら，「パン・パン・パン」で終わりにするなど，拍手の終わりの約束を決めて置くと一体感が生まれる。

　この拍手のネタは山口県の中村健一先生に教えていただいた。

5 始業式の様子をほめる

　「真也さんは，姿勢がずっとよかったです」

　「敬司さんは，校歌を一生懸命歌っていたね。これから歌を聞かせてもらうのが楽しみだなあ」

　「真奈美さんは校長先生の話をうんうんとうなずいて聞いていたね。そうやって聞いてもらえるとうれしいだろうなあ」

　と，始業式の子どもたちの様子を具体的にほめる。

そのためには，始業式の間，子どもたちの様子を見てメモをとっておく。

「今度の先生は，みんなのことをきちんと見ている」ということを伝えることができる。

そして，ほめることで，どのようなことをがんばればよいのか，がんばる方向を示すことになる。

このように名前を挙げてほめるためには，事前に子どもたちの名前を覚えておくことと，ほめるための観点を決めておくことが必要である。名簿に，「姿勢　歌　聞き方　反応　表情」などと観点を書いておき，その場でチェックしておく。

6 先生の特技を披露

「ぼくたちの先生はこんな先生なんだ」と最初に覚えてもらう。どうせ覚えてもらうなら，教師の得意なことで覚えてもらった方が印象がよい。

楽器ができる人は楽器を演奏しよう。

歌が得意な人は歌おう。

手品が得意な人は手品を披露しよう。

7 握手をしてさようなら

握手をすることで，子どもとの心の距離を縮めることができる。

「先生はみんなと仲良くなりたいと思っています。今日は出会いの大切な日でした。一人ひとり，先生と握手をして帰りましょう」と話す。

そして，全体でさようならをしたあと，一人ひとりと握手をする。

1日の最後に握手をして，「あなたのことを大切に思っているよ」というメッセージを伝える。

（飯村　友和）

最初の3日間　一人残らず笑顔にする

自己紹介のアイデア

1 学級開きでは

　学級開きで大切なことは，教師と子どもをつなぐこと，子どもと子どもをつなぐことである。中でも，自己紹介は互いをつなぐ効果的な活動だ。
　自己紹介で一番大事なことは，いかに自己開示できるか，ということである。自己開示こそが人間関係をつくる第一歩になるからだ。と考えると学級開きでの自己紹介は単純なものではなく，自分の人となりを見せられるようなものがいい。親しみを感じられるようなものであればさらにいい。くだらない会話をした方が人間関係は円滑になるという。まじめな話も必要だけれど，くだらない話，おもしろい話もするといいのではないだろうか。

2 教師が自己開示

　始業式が終わると教室に入る。子どもたちは新しい担任に興味津々である。なぜなら，子どもにとって学校生活の最大の環境の一つが担任だからだ。担任がどのような先生かで1年が決まると言っても過言ではない。それぐらい，子どもは担任がどんな人なのかを気にする。そこまで，意識して自己紹介をしよう。
　自己紹介は普通に名前を言うのもよい。「先生の名前を知っている（覚えている）人～！」と聞くのもよい。しかし，それだけでは不十分である。子どもとつながるためには，まず先生が自己開示しなければならない。自分か

ら子どもとの心の距離を短くしていくのである。子どもは先生の人柄を知ることで親近感がわくのだ。そこで，まず自分のことを詳しく紹介する。

例えば，①住んでいるところ，②家族構成，③好きな食べ物，④得意なこと，などである。特に得意なことをアピールするとよい（私の知っている人は，バク転をやって見せたそうだ）。

得意なものが特にない人は，好きなものを強烈にアピールするとよい。食べ物でもよいのだが，低学年だったらアニメのキャラクター，高学年だったら芸能人などがいい。そして，それに「死ぬほど〜が好きです」とか「夢に見るほど〜が好きです」と言うと，インパクトがある。今後，これを話題に子どもとつながることができる。

クイズで自己紹介する，というパターンもある。普通に話すよりも空気が温かくなる。

例えば，

「先生の出身地は？　①石巻，②アメリカ，③金星」（答え：石巻）

「先生の得意なことは？　①ギター，②トリプルアクセル，③瓦30枚割り」（答え：ギター）

こういうクイズなどをしていると，のってくる子とそうでない子に分かれることがある。どの子が積極的で，どの子が消極的なのかよく見ておくといい。さらには，反抗的な子もいるかもしれない。そんなときも，決して叱ったりしてはいけない。ただ単に注目してもらうためにやっている場合がほとんどだからだ。

私の場合は，嫌いなものも言うことが多い。なぜかというと，教師が弱みを見せることで，子どもも弱みを見せていいと感じるし，それに何といっても先生をいじるチャンスが生まれるからである。弱みを見せるということで，教師という立場から少し下に降りて一人の人間として意識されるようになってくる。親近感が増すのだ。子どもたちはこれをネタに，給食で嫌いなものが出るたびに，「先生，○○○入っているよ〜」と言ってくる。こうやってコミュニケーションをとる機会が増えるのだ。

1章　学級を最高のチームにする赤坂真二の学級開き・授業開き

このようにして，先生がどんな人なのかをまず見せる。これをした上で，日常的な指示や説明を行う。距離が近くなってからの方が通りやすくなるからである。だから，間違っても最初に固い話をしてはいけない。まずは，くだけた話から入り，そのあとまじめな話をしていくのである（ただし，おもしろいことを言い過ぎて，いいかげんな先生だと思われると指示が通りにくくなる可能性もあるので，そうならないように注意することも大事だ）。

3 子ども同士をつなぐ

次は子ども同士をつなぐ。子どもにとっては，先生との関係も大事だが，友達との関係の方が圧倒的に大事だ。しかし，今の子どもたちは放っておいても勝手につながるということが少ない。だから，つながる場を設けることが必要になる。そして，出会わせ方にも一工夫したい。

例えばこんなゲームをするとよい。

【じゃんけん自己紹介】
①教室内を歩き回って，誰かとじゃんけんをする。（これまであまり関わりがなかった人とできるだけじゃんけんをするように話しておく）。
②勝った人から，名前と好きなものを聞く。次に交代して負けた人が聞く。
③最後にどれだけ覚えているか，言える人に言ってもらう。

これをやっている間，誰が積極的に関わっているか，よく観察する。うまく声をかけられない子がいたら，場合によっては積極的な子に相手をしてもらえるように言ったりしてもよいだろう。少しでも多くの子と関われたという思いが，これからのクラスでの生活に期待をもたせるのだ。

この活動でコミュニケーションをとるきっかけ（話題）を得たことになる。よくありがちな一人ひとりの自己紹介をするのもいいが，空気が固くなるし，

子どもに無駄な緊張感を味わわせることにもなる。むしろ，ごちゃごちゃとリラックスした雰囲気の中，直接話すことがこれからの人間関係づくりを円滑にしてくれる。

【ウルトラマンゲーム】
①5〜7人ぐらいで輪になる。
②1人，スタートの子を決めて，「ウル」と誰かを指す。
③指された子は，また違う子を「トラ」と指す。
④指された子は，さらに違う子を「マン」と指す。
⑤「マン」と指された子の，両どなりの子は，「シュワッチ」と言いながらすばやく両手をあげる。（ここがこのゲームのポイント）
⑥次は「マン」と指された子がまた「ウル」と誰かを指す。これを繰り返す。

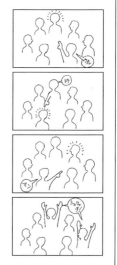

これを，テンポ」＝80〜100ぐらいでやる。で，何がおもしろいかというと「間違える」ところだ。「シュワッチ」を忘れたり，自分じゃないのにやってしまったり。間違えたら「ワンペナ（1ペナルティ）」で，3分間でもっともペナ数が少なかった子が勝ち。

こういう単純で笑えるゲームが，クラスの雰囲気を温める。普通の名前を言う自己紹介もいいが，ゲームで見せる「素」の姿が自分を紹介することになっている。くだらないことを一緒にやるときに見せる姿が人間関係をつくることもあるのだ。

詳しくは拙著『学級開き入門』（明治図書，2015）を参照していただきたい。

（佐々木　潤）

最初の３日間　一人残らず笑顔にする

安心の場づくりのアイデア

1 笑いこそすべてのベース

❶笑いは無理矢理つくり出す

　学級開き当日。教室に笑顔が溢れれば、「いい一年になりそうだ」と子どもたちも、教師も思えるだろう。
　スタートとなる学級開きは、やはり笑顔でスタートしたい。
　子どもを笑わせるのが得意ならたくさん笑わせればいいし、そうでなければじゃんけん大会や短い時間で行えるゲームを行うことをお勧めする。
　私は、次の三つをバランス良く配置できるよう始業式のシナリオを考える。

---

①子どもたちが笑顔になり安心できる自己紹介
②楽しい活動や話
③真面目な話（この学級の１年間の展望・学級で大切にしたいこと）

　その中でも特に①と②を重視する。
　子どもたちがこの人なんとなくいいなと感じられるようなつながりができれば、③の真面目な話はあとからでも十分できる。
　いや、つながればつながるほど、時間とともに真面目な話を子どもたちはより受け止めてくれるようになっていくのである。焦る必要はない。
　何よりも大切にしたいのは、「その中心にいる先生自身が笑っているか」ということだ。

子どもたちは始業式「どんな担任の先生なんだろう」とずっと見ている。

いや，探っていると言ってもいいかもしれない。

だからこそ，笑うのだ。にかっと，にっこりと，ふふふと。

もちろん，ずっと笑っている必要はない。しかし，教師の笑顔は子どもの「安心感」につながるということは常に心に留めておきたい。

❷本当に求めるのはどんな笑い？

「わっはっは」という笑いは学級に活気と勢いをもたらしてくれる。

しかし，本当にその笑いだけでいいのか。

教室はイベントを行う場所ではなく，あくまでも日常を過ごす場である。

だから子どもたちには「にっこり」と，「ほっこり」と笑っていてほしい。

そのような笑いを浮かべられるのは，教室に「安心感」があるからだ。

では，安心感があるというのは，どのような状態なのだろうか。

簡単に言えば，「子どもがつながっている」「教師からの認められ感」がある学級だと言える。

では，子どもがつながるためには，そして，教師からの認められ感を得るためにどのようにすればよいのだろうか。

2　子どもをつなげる・教師とつながる

❶子どもをつなげる

例えば教室にいじめが存在していれば，いじめられている子は笑えない。

そして，いじめている子も，にっこり，ほっこりとは笑っていないのだ。

「いじめ」とまでいかなくても，「つながれていない」「つながっていない」と感じている子どもたちは多い。

案外，子どもたちは「この人とは話をしない」と決めているように見える。

学級開きの日に行うのは難しいけれど，学年当初毎年必ず行うゲームがある。「仲間づくりゲーム」と呼んでいるゲームである。

1章　学級を最高のチームにする赤坂真二の学級開き・授業開き　37

「せえの」のかけ声で，手を1回叩く。

　次の「せえの」で2回，その次の「せえの」で3回というように，手を叩く数を増やしていく。

　「そこまで！」の合図で叩いた手の数の人数のグループをつくり，手をつないで座る。

　人数を変えながら，何度も何度も行う。

　最初に「だれとでも手をつないで座れる子がいいんだよ」という価値は語っておく必要はあるが，それでもなお，もし常に外れる子がいたら？　教師の前ですら外される子がいたら？

　その「つながれていない」子にとって教室に「安心感」はないだろう。

　もちろん，外す子たちにも注目する。

　その子たちも「安心」できていないことが多い。だから少しでも安心できそうなコミュニティをつくり，そうではない人を排除する，あるいは受け入れないという行動を取ることが多いということなのだと私自身は捉えている。

　どちらの子どもも「傷んでいる」と捉え，様々な手立てを継続的に打つ。

　例えば，4月当初から授業や活動の中でちょっとした確認や相談を頻繁に日常的に行う。そして，「隣の人」「近くの人」と指定し，時間は「5秒」とか「10秒」という短い時間で行う。

　短い時間ならマイナスの感情は入りづらい。むしろ，「えー」と声を出しながら笑顔になるだろう。「子どもをつなげるため」の数秒間。

　「わかった？」と問う代わりに，「今，先生が言ったことを隣の人と確認してください」と言えばいい。

　「先生は何を今考えていたでしょう」なんていうくだらないものでもいい。

　「知らない」「話したことがない」からつながれないと感じる。そういう状態を脱するために，何度も繰り返し，お互いの笑顔を見ることが，「だれとでもつながろうとする」第一歩につながると考える。

❷教師とつながる〜子どもをほめ，受け止める〜

子どもは，教師に認められることで「安心感」の素を得る。

その一歩とはやはり「ほめる」ことではないだろうか。

ここでの「ほめ」は「言いがかりをつける」ようなものがいい。

「いいことをしたからほめる」のではなく，「ただ，あなたをほめたい，認めたいから何でも理由をつけてほめる」のだ。

そして，できたことでもよいが，努力のいらないものの方がさらにいい。

「なんだかいいね，○○君」

それだけで十分なのだ。だって，その子を認めたいだけなのだから。

こうして「ほめる」ことは前述の子どもをつなげることにも大きく関わる。

「え，あの子そういういいところがあったの？」「自分たちがダメだと思っていたところって，見方を変えればいいことに変わるんだ」という捉え直しにもつながるからである。

また，子どもたちが親近感をもって話しかけてきたら，「えー，そうなの」と驚いたり，「面白いねえ」と楽しそうに話を聞いたりすることも子どもたちの安心感につながる。

「傾聴」こそ子どもを受け止め，安心感をもたらす最大の行為だと考える。

❸「あなたがいてくれてありがとう」

これは，教室にいる私の実感である。

子どもたちがいない教室は，何事も起こらないがとても寂しいものである。

もちろん，いろいろなことがある。でも，それでもなお，「教室にあなたがいてくれてありがとう」と，子どもたちに伝えていきたい。

いいことも悪いことも丸ごと認める。そういう教師が目の前にいることこそ，子どもたちの安心感を支えるのである。

（南　恵介）

最初の3日間　一人残らず笑顔にする

ほめる・叱る・やる気にするアイデア

1 やる気はどこから出てくるか

　人のやる気を支える三つの要素は，認知，感情，欲求であるという（※1）。
　出会いの日は，子どもの感情に何かしらの快を残すような出会いをしたい。「喜び，楽しさ，満足感のような快適でプラスの感情は，動機付けを高める方向で影響を与える」（※2）と言われる。
　最初の出会いで子どもに最も感じてほしいことは，「なんだか1年やれそうだ」「この先生なら安心だ」という感情である。
　その一歩として，教師自身のキャラクターを生かした自己紹介を行い，くす箱，手品，楽器演奏など特技を生かし，出会いの喜びを伝え，一緒に楽しい感情を共有したい。また，担任としての方針，学級の目指す姿と具体的な子ども像を語り，向かいたいプラスのゴール像と希望を共有する。
　こうして初日に自己開示と好意を伝え，目的を共有することで「やれそうだ」「やるぞ」という子どもの気持ちを引き出す土壌をつくり始める。

2 3日間で全員をほめる

　土壌づくりの3日間のうちにどうしてもしたいことがある。それは，

> すべての子どもをほめること

だ。子どもに肯定的な声をかけること，あなたのことを見ているよと関心を示すこと，まずはそこから関係づくりを始める。そのためのコツを紹介する。

❶リフレーミングを身につける

すべての子どものよい点を見つけると決めてしまおう。そのためには，子どもの言動を違う枠組みで見る（リフレーム）癖をつけるとよい。同じ行動を見てもどう捉えるかは，見ている教師が決めることができるからだ。

子どもの行動をリフレームする場合，例えば次のようなものが考えられる。

・落ち着きがない→活動的，行動的

・過剰にしゃべる→話し好き，社交的

・集中力がない→切り替えが早い

・雑である→おおらか，気にしない

・何でもやろうとする，仕切りたがり→活発，積極的

・覇気がない→これから開花する，エネルギーをためている

---

❷メモ魔になる

教室以外の場所や全校朝会，移動時などポケットに付箋とペンを入れて持ち歩き，気がついた行動や名前をメモしておく。

1日の終わりにそれを児童名簿に転記し，誰のよさを見つけたかを振り返る。まだ見えない子どものよさを明日は必ず見つけようと，注目する子や想定される時間，場面を確認するとよい。

もしも自分で見つけることができなければ，学年の先生や他の職員から話を聞く。また，子どもが「○○さんが……していました」と知らせてくれることもある。そのようなときは，知らせてくれたことを一緒に喜ぶ。また，知らせてくれた子についても「友達のよい言動に気づき，知らせてくれた」というよさに注目したい。

1章　学級を最高のチームにする赤坂真二の学級開き・授業開き

出会いから３日間のうちに必ず全員のよさ，がんばり，素敵な言動をメモする。その積み重ねが教師による子どもの見方を肯定的にする。

❸学級通信でよさを紹介する

初日から，子どものよさを見つけた具体的な場面やエピソードを載せた学級通信を発行する。このとき，何号かに分けてでも必ず全員の子どもの名前を載せることだ。子どもは自分の名前の載った通信を食い入るように読む。通信により，子ども同士がよさを共有できる。少し手間はかかるが，やると決めたら必ず全員の子どもの言動が載るように通信を作成する。自分の名前やよさ，先生から見た肯定的な姿が載っている記事を読む子どもの顔は恥ずかしそうだったり，うれしそうにしたり。子どもとの関係づくりの大きな一助となる。また，この時期にこのような学級通信を発行するということは，保護者に対し，担任として「子どもをよく見ていきます」「その子のよさを認めていきます」という１年間のスタンスを示すことにもなる。

ほめることには賛否ある。例えば，ほめることでいうことを聞くようになり，ほめてくれる人の評価を気にし，支配することになるという考えもある。しかし，子どもと信頼関係を築き，「自分のことを見ていてくれる」「この先生はわかってくれそうだ」という感情にアプローチするために「あえてほめる」のである。言動からも存在を認めるのである。子どもを自分の思い通りに動かそうとして支配のためにほめるのではない。

その子自身のがんばりはもちろん，配布物のやり取り，清掃時，ちょっとした動きの中に関わりや集団への貢献が見られたら，それは価値あることとして見逃さず「ありがとう」「うれしいよ」と感謝や喜びを伝えたい。

3 叱る基準をもち，Ｉメッセージで伝える

❶最初の出会いでは叱らない

出会った今，まずは教師と子どもの関係をつくることが先である。言わな

ければならないことは言うが，特に最初は，戦わなくてよいところは戦わずに過ごす。信頼できるかどうかわからない人に何を言われても聞き入れない，逆に関係を悪くするという可能性があるからである。叱るのは関係ができてからにする。ただし，初日にこれだけは許せないこと，叱る基準を先に表明しておくことは必要である。どんな子どもに育ってほしいかを語る際，例えば「命に関わる危険なことをしたとき」「自他のためにならないことをしたとき」のように自分の叱る基準を先に話しておくことだ。

❷バリエーションをもつ

叱るといっても大きな声で叱責するだけではない。いくつかバリエーションをもてるとよい。

例えば，廊下を走った子に「走ってはいけません」だけでなく，「廊下は歩きます」。また，「走ってはいけません」から，「走るとどうなるだろう。どうしたらよいだろう」と問うことも叱る指導の一つであると考える。

❸Ⅰメッセージで伝える

私が特に心がけているのは，Ⅰメッセージで伝えることである。

例えば，学校のルールに反した持ち物を持ってきた，宿題を忘れたなどで叱る際，最初に事実を確認したあと，「私」を主語にした言い方で叱る。「学校の学習に関係ないものを持ってくるなんて，○○さんの行動は残念だな」「次は，やっておいで。○○さんならできると思うよ」のように。

たいていの子どもは，悪いということはわかっているのである。次にすぐ改善できなくても改善しようと思えるような感情を育てることを期待して叱る。Ⅰメッセージで叱ることは，愛を伝えることでもある。　　　（近藤　佳織）

【引用・参考文献】

(1)（2）伊藤崇達編著『やる気を育む心理学』北樹出版，2007

最初の7日間　教師指導優位で集団をつくる

「聞き方ルール」を確立する

1 なぜ聞かなければいけないのか

「聞く」ことは，学級づくり・授業づくりのベースである。

学級開きのときから，「聞く」ことの指導は始まる。まずは，**「聞くと得をする。聞かないと損をする」**ということを，体験的に学習させていく。

学級開きで「先生や友達の話を全員が聞くことのできるクラスにしたい」と担任の決意を表明する。そして，「聞く」ことの指導の導入として，次のゲームを行う（金大竜氏から学んだ実践の追試である）。

【突然起立ゲーム】
①「突然起立ゲーム」をすることを宣言し，「起立」と言ったらサッと立つ練習を何度かする。「起立」以外の言葉（「キリン」「キリマンジャロ」等）で立ったらアウトとする（特にペナルティは設けない）。
②これを1日の内に数度繰り返す。わざと小声で言ったり，「起立」以外の言葉で遊んだりして，ゲーム感覚で行う。

「聞くと得をする」体験とともに，教師の指示にサッと従う指導にもなる。

気をつけたいのは，厳しさよりもユーモアを優先することである。「今年の先生はいいな」と子どもに思わせることができなければ，子どもに教師の言葉を聞き入れさせることは難しい。

2 教師の話を聞くときの「約束」をつくる

最初の７日間に絶対しておきたいことは，聞く態勢づくりである。

まずは，教師の話を聞くときの態勢をつくる約束を決めるのである。

教師が話をするときは，子どもたちの机上に不要なものは出させない。できれば何もない状態が望ましい。机上にあるものに気を取られたり，触ったりして，話を聞くことができない子が多いからである。私は授業中でも，鉛筆や消しゴム等使うものだけを出させて，筆箱は机の中に入れさせている。

そして，体ごと教師の方を向いて聞くように指示する。このとき，よく使われている指導言が「おへそを向ける」である。私は，「おへそから出ているビームを，話している人に当てるように」と指示し，このことを「へそビーム」とネーミングしている。

特に低学年では，子どもたちが興味をもつような面白い言い方で，かつ一言でわかるような約束にしておくことをオススメする。ちなみに，私が１年生を担任していたときに，机上に何も出さないことを「つくえツルツル」とネーミングしていた。つまり，

つくえツルツル・へそビーム

が，話を聞くときの約束である。この約束は，上からの命令ではない。「先生の話はこのように聞いてほしい」というお願いだと私は考えている。すぐに定着しないと思うが，できていない子に目を向けて注意するのではなく，できている子に感謝するなどして，繰り返し指導していきたい。

3 聞き合うための「聞き方ルール」をつくる

聞き合うクラスにするための「聞き方ルール」は，子どもたちの意志を取

1章　学級を最高のチームにする赤坂真二の学級開き・授業開き　45

り入れてつくりたい。

　どのような聞き方をするといいのか。内容を聞き取るだけであれば，どのような聞き方をしてもかまわないのだろうが，目の前に相手がいて，その相手と関係をつくっていくとなれば「聞き方」が大切になってくる。これも体験的に学ばせたい。（※１）

【傾聴のアクティビティ】
①ペアになり話し手と聞き手を決める。
②テーマ（最近あった楽しかったこと等）を決め，１分程話す。
③聞き手は，相手を見ず，手いたずらをする等，相手がいやな気持ちになるような最もよくないと思われる聞き方をする。
④役割を変えて，同じようにする。
⑤感想を聞く。
⑥次は，相手が喜ぶような最もよいと思われる聞き方で同じように繰り返す。
⑦感想を聞く。

　このアクティビティによって，どのような「聞き方」がよいのか，自然と理解することができる。それを子どもに言語化させ，簡潔に三つに絞り，「聞き方ルール」とする。教師指導優位の初期段階であっても，ルールづくりには子どもが主体的に関わっていることが必要である。

　恐らく，次のようなルールに近いものになるのではないか。

---

①相手を見て　②うなずきながら（反応しながら）　③笑顔で聞く

　決まれば，紙に書いて掲示する。そして，この聞き方に「ハッピー聞き」等の名前を子どもたちとつける。そうすれば，「お，〇〇さん，ハッピー聞きができているね」「あれ，ハッピー聞き忘れてないかな」と指導に使える。

4 教師が意識し続ける

「聞き方」は教師が常に意識し，こだわり続けなければ子どもたちに定着させるのは難しい。

最初の7日間だけでなく，1年間を通して意識し続ける必要がある。

子どもが聞いていないのに教師が話し続けると，子どもは「話は聞かなくてよい」ということを学習する。教師は子どもが聞いているかどうかに敏感になり，聞いていない子がいれば話さないというぐらいの覚悟が必要である。

また，授業中，子ども一人ひとりの目を見て話すなどの「話し方の工夫」を教師もしなければならない。もちろん，教師が子どもの話をしっかり聞き，「聞き方のロールモデル」になることは言うまでもない。

話し方の工夫等については，文末の参考文献（※2）に詳しく書かせていただいている。参考にしていただければ幸いである。

5 「聞く」ことは命を守る

東日本大震災の後，石巻に数回行かせていただき，門脇小学校で当時校長先生をしておられた鈴木洋子氏から，お話を伺う機会を得た。迅速に避難するためには，日頃から「放送を聞く・先生の話を聞く」習慣を身につけさせることが大切であると，鈴木氏は教えてくださった。

「聞く」ことは命を守ること。「聞く」ことの重要性をこの視点からも何度も子どもたちに話している。

（永地　志乃）

【引用・参考文献】

(1) 赤坂真二『赤坂版「クラス会議」完全マニュアル』ほんの森出版，2014

(2) 赤坂真二編著『やる気を引き出す全員参加の授業づくり　協働を生む教師のリーダーシップ　小学校編』明治図書，2016

最初の7日間　教師指導優位で集団をつくる

日直のシステムをつくる

1 日直とは何かを考える

❶日直は必要か

　日直に限ったことではないが，学級経営に関わる係当番などは「なぜ，その仕事があるのか」「それを行うことで，どのような成長があるのか」を子どもに考えさせることで，のちのちの子どもの育ちが変わってくる。そのためにも「日直は必要か」を問いかけたい。そして「クラス全員がクラスのためになることをする」「日直をすることで責任感を高める」など，子どもの発達段階に応じて理由を捉えさせるのである。

❷日直の決め方

　誰が日直をするのかの決め方には，いろいろある。子どもの発達段階やクラスの実態に合わせて変えていくことが必要である。
①指名順
　もっともよく取り入れられている方法である。出席番号順に日直を進めていく。2人体制であれば男女混合になるようにするのも一手である。また教師がネームプレートをトランプのように切ってからランダムに貼っていき順番を決める方法もある。同じ順番ばかりでのマンネリを解消できる。
②座席順
　机の座席順に進める方法もある。この方法の利点は「前の席の子だから明日は私の番だ」と，目で見て順番がわかりやすいことである。これは低学年

で，とても有効である。反対に欠点は，席替えによる順番の変更や日直を行う回数に偏りが生まれることである。

③くじ引き

くじ引きのよいところは，次に誰が当たるかの「ワクワク感」や引くときに全員で手拍子を打たせることによる「一体感」などがある。また，教師側から見れば「くじを引く行為」を楽しむ子どもの様子から，子どもの発達段階が把握できる。高学年では，冷めた感じでくじを引く女の子とワクワクした表情でくじを引く男の子の差が目に見えて明らかである。

④自己・他者推薦

自己推薦は学級に積極性を育みたいときに取り入れるとよい。「明日の日直をやりたい人は立ちましょう」と言って希望者に起立させる。複数人が立てば，その中から譲り合いや他者推薦などで決定する。約束は「一度やったら全員がやり終わるまで自己推薦をしない」だけである。こうすることで消極的な子どもも「そろそろやろうかな」と立ち上がりやすくなる。また，成熟した学級におすすめなのが，他者推薦である。当日の日直が「明日は○○さんにお願いします」と推薦者の名前を挙げて推薦するのである。子どもたちが，互いの信頼関係の上で推薦し合う様子は心が温まる。注意するところは同じ友達ばかりを指名する傾向が強くなるときである。そのような場合は「仲の良い友達だけ指名しない」「男の子は女の子を，女の子は男の子を指名する」などの約束をしておけばよい。

2 日直の仕事を決めよう

❶1日の流れの中で日直の仕事を決めていく

はじめに，子どもが教室に登校してから下校するまでの間に「教室の窓を開ける」「黒板の文字を消す」など，「全員が快く学級で生活をする上で必要だと思われる仕事」を子どもの中から出させる。そして「今，みんなが必要だといった仕事は，日直の仕事？　みんなの仕事？」と問いかけるのである。

1章　学級を最高のチームにする赤坂真二の学級開き・授業開き　49

日直の仕事として必要であると考えているものには「誰がしてもよい仕事」がある。仕事を決めるときの一つの基準として「日直でなければできない仕事か」が挙げられる。まず，子どもたちに「日直の仕事として必要なこと」を出させて板書していく。出てきたものを「号令は決まった人がやる方がわかりやすいよ」「黒板消しは量が多いから日直だけではなくて気づいた人がどんどんやろうよ」というように，さきほどの基準で精査していく。こうすることで，誰もが日直をすることで学級のためになる仕事を経験することができ，さらに自主的に学級のための仕事をする素地を残すことができる。

【日直の仕事例】

1	窓開け	2	花の水やり・水かえ
3	朝の会の司会	4	号令
5	給食のあいさつ	6	終わりの会の司会
7	戸じまり（電気消し）	8	机の整とん

---

❷日直の仕事を見直そう

　学級全員が日直を経験したあとに，全員で日直の仕事を見直す。このときの基準も「日直でなければできない仕事か」である。ねらいは「気がついた人ができる仕事であれば全員でする」という学級全体で自治について考える機会とするためである。この時間をもつことで全員が日直や当番の仕事についての意識を高めることができる。例に挙げている日直の仕事からは「窓開け」「机の整頓」が「朝，1番に登校した人が開ければいい」「一人ひとりが気をつけて挨拶の前に整えれば綺麗に揃う」という理由でなくなっている。

3　日直の振り返り「学級日誌」

　日直の仕事として「学級日誌」を推薦したい。学級日誌の中には，その日

の学習内容や出席状況などのほかに「日直として心に残った素敵な出来事」を書く欄を設けておく。それを終わりの会で発表させるのである。そうすると学級全体で「その日のいいこと」を共有でき，「素敵な出来事」を見つける目を養うことや「いいことを進んでやろう」という意欲の向上につながっていくのである。

　さらに学級日誌は「学級目標への到達度をみる」ためにも活用できる。学級日誌から学級目標に迫る記述が出てきたときには発表のあとに教師から「今日の出来事は学級目標に迫っているね。もう少しで全員が達成できそうだ」と価値づけするのである。もちろん学級通信で保護者へ知らせると子どもたちも励みになる。

【学級日誌例】

「今日の体育で男女関係なく全員で準備も片づけもできた。みんなで成長し合えているなと感じました」

「２時間目の国語の時間に討論で全員発言ができた。話し合いも盛り上がって，もう少ししたかった」

「今日一番よかったことは，誰も見ていなかったのに○○さんが傘立ての傘を整理していたことです。これをクラスみんなでできるようになりたいです」

4　日直の自己評価

　日直は「学級全員が平等に同じ仕事をする機会」である。だからこそ，その日に日直としての自己評価を行わせたい。連絡帳の片隅でいいので低学年なら「日直の仕事ができたかどうかを○や△」で，高学年なら「日直をした１日の感想，振り返り」を３行ほどでよいので書かせると育ちがみえてくる。

（岡田　広示）

最初の7日間　教師指導優位で集団をつくる

係活動のシステムをつくる

1 仕事を明確にしたシステムづくり

　係活動（ここでは，一般的に「係」と呼ばれている当番的な係活動のことを指す）はまずシステムづくりが大切である。学級の人数に合わせて係と仕事の分担を考え，予定係が3人，宿題点検係が4人，朝学習係が2人……というように配分していく（事前に子どもたちや前担任から情報を集めておくとよい）。その際，日直や給食当番の仕事とのバランスを考え（例えば，窓係や配膳台係等をつくるかどうか等），1日の子どもの動きをイメージしながら，次の2点に気をつけて組織する。
　・なるべく毎日仕事があるようにする。
　・1日の中で，「いつ，何をするのか」が明確である。
　また，必要な道具（雑巾，名簿等）を人数や仕事に応じて用意しておく。
　次に，係決めの時間に，係と人数，係内での細かい分担を配当したものを子どもに板書して提示する。この時間では係と人数のみを決め，係内での細かい仕事分担はのちほど係のメンバーで集まって決めることを伝える。また決める際の心得として，
　・希望通りに必ずなるとは限らないが，与えられた仕事を精一杯行うこと
　・責任をもって仕事を行うこと
　・みんなの役に立とうという気持ちをもって仕事を行うこと
の3点を確認し，どれも「自分の成長につながる」ことを押さえておく。
　その後，全員を立たせ，第1希望から第3希望までを決めた者から座らせ

る。こうすることで意志を固めさせ，スムーズに進行することができる。そして板書に書かれた第１希望の係の場所に，名前を書いたマグネットシートを黒板に貼らせて決めていく（希望が重なった場合はジャンケンとする）。ひと通り終わったら第２希望，第３希望と同様の手順で決めていく。

2 仕事分担と仕事の試行

　仕事が決まったら，それぞれの係のメンバーで集めさせ，挨拶と簡単なゲーム（あっちむいてホイ等）をして話しやすい雰囲気をつくる。その後，「仕事分担と係カードづくり―やってみる―掲示―発表」と板書し，この時間の流れをつかませる。

　まず，係カードをつくらせる。ここでは，「カードをつくること」よりも，仕事の細かい分担（いつ，誰が，何をするのか）を決めることがより大切であることを押さえる。

　各係で司会を決めさせたあと，司会を中心に１で板書された細かい仕事分担を決めさせる。それが決まったら係カードに記入させる。「○○係」「メンバー」「仕事の分担」といった項目ごとに短冊にしておき，あとで係カードの所定の場所に貼るようにしておくと分担して書けるし，それぞれの待ち時間が少なく，時間短縮もでき便利である。

　次に，早くできた係から，試しにやらせてみる。できあがった係カードを参考にしながらシチュエーションと仕事のやり方を確認させ，それぞれに仕事をやらせてみるのだ。こうすることで，具体的に仕事のイメージをもたせやすくなる。また子どもたちそれぞれで思い描いていることが違うことがあるし，教師ともまた違うこともあるため，それぞれがやってみることでイメージを最初に共有しておくのである。

　その後，係カードを教室に掲示する。校内で掲示場所を統一するきまりがなければ，その仕事をする場所の近くに掲示しておくとみんなでチェックがしやすい。

1章　学級を最高のチームにする赤坂真二の学級開き・授業開き　53

そして最後に，係ごとに仕事の分担を発表させる。もし時間が余れば，「いつ，誰が，何をするのか」をクイズ形式で答えさせるとみんなで楽しく覚えられる（この時間に行うことが無理そうなら，朝の会や帰りの会，授業の隙間時間に行うとよい）。自分の仕事だけでなく，他の人の仕事も覚えることで，他者に関心をもつことができ，また子どもたち同士でお互いに声をかけやすくなる。

3 視覚的・協働的なチェックシステム

　いざ実際の生活の中で子どもたちに係活動をさせてみると，本当に仕事をしているのかを把握することは難しい。そこで，道具を使ってチェックを行うことをおすすめする。

　ホワイトボードを２枚並べて配置し，左のボードに子どもたちの名前を書いたマグネットシートを全員分貼っておく。そして各自が仕事を終えたら右のボードへマグネットシートを動かすようにする（両面が色違いになっているマグネットシートに名前を書いたものをホワイトボードに貼っておき，仕事を終えたらひっくり返すようにしてもよい）。こうすることで，教師も子どもたちも視覚的・感覚的にチェックできるようになる。

　しかしそれでも仕事を忘れてしまったり，そもそもマグネットシートを動かすこと自体を忘れてしまったりする子が出てくる。そこで最初の７日間は，帰りの会の中に「係の振り返りタイム」を１分間程度設け，仕事がきちんと行えているか，明日はいつ仕事をするのか等を係のメンバーで集まって振り返らせるようにする。こうすることにより，「やらされている」のではなく「自分たちでやっている」意識をもたせることができる。

　その際には，仕事を忘れてしまった者を責めるのではなく，「みんながうまく仕事ができるようにするにはどうすればいいか」という解決志向で考えさせるようにする（この係の振り返りタイムは，その後も週に１回程度やるように位置づけておくとよい）。

学級の実態によっては，さらに朝の会でも仕事の確認をする時間を30秒程度とると，自分が仕事をする時間を意識しやすくなる。

4 前向きな声かけで意識が変わる

　子どもが実際に活動をし始めたら，教師が積極的に「ありがとうね」「助かるよ」「うれしいな」「黒板の消し方が上手だね」「協力して仕事をしているね」といった前向きな声かけを行っていく。また，「係の振り返りタイム」でも，メンバーの仕事の仕方で良かったことやメンバー同士でお互いに声をかけ合っていた姿を教師が伝え価値づけていく。そうしていくことで，子どもはやる気になり，また互いの行動を見ようと意識し合ったり振り返りタイムでより前向きに話し合ったりできるようになる。

　そのためには，教師の子ども観察が必要不可欠である。「子どもが仕事をして当たり前」ではなく，「子どもが仕事をしているのがうれしい」と心がけながら子どもの活動の様子を観察すると前向きな声かけがしやすくなる。

　とはいえ，意識をしていないとつい仕事を忘れた子どもに目が行き注意をしがちだ。そうならないためにも，1日の流れの中で「いつ，誰が，何をするのか」を確認して（日課表等に記録しておくとよい）忘れがちな子どもには事前に話しておく等の工夫をしたり，できたときに「忘れずできてうれしいよ」と声かけをしたりするように心がけたい。

　このように，子どもたちに主体性をもたせられるように枠組みをつくり，教師がしっかりと声かけをしていくことで，子どもたちは自分の仕事を意識できるようになっていく。そして徐々に学級への貢献感や自分自身の責任感を実感できるようになったり，子どもたち同士で仕事を行えるようになったりしていくのだ。

　新年度は，学年が変わり子どもが新たな気持ちになり，やる気に満ちている。いい仕事のスタートができるように最初の7日間，徹底して子どもの活動の様子を観察し，声かけをしていってほしい。　　　　　　　　（堀内　拓志）

最初の7日間　教師指導優位で集団をつくる

給食当番のシステムをつくる

1 給食時間はチャンスタイム

　給食当番は，学級をチームにするために，欠かせないシステムだと考える。なぜなら，給食時間は，運ぶ，拭く，並べるなど，子どもたちが学級内での自分の活躍を実感しやすいからだ。

　私のクラスの給食当番は，人数分の役割分担がある。白衣を着て配膳をする当番，机や給食台を拭く当番，給食を運ぶ当番などである。今年度は39人いるので，仕事も39個ある。なぜ人数分必要なのか。それは，給食時間を，単なる給仕の時間で終わらせず，学級に貢献できるチャンスタイムにするためだ。

　重たい食缶，冷たい水仕事，汚れた食器の片付け……給食当番は，子どもたちにとって面倒な仕事が多い。それだけに「やらされ感」が強いと，そのうち学級の雰囲気にも悪影響が出る。給食は毎日ある。毎日，学級に悪影響が出ていては，学級をチームにすることはできない。そのため，給食当番のシステムは，最初の7日間が勝負だ。教師がリーダーシップをとりシステムを理解させ，その上で，給食当番を通して学級に貢献していることを子どもたちに実感させられる7日間にしたい。

　「やらされ感」よりも「やりたい感」にあふれた給食時間は，楽しく，活気のある時間になっていく。それが，学級をチームにしていく推進力になる。

2 仕事のゴールを共有する

　仕事が一人ひとりに割り振られただけでは，子どもたちは動かない。子どもたちが動くのは，その仕事のゴールを理解したときと，仕事に価値（やり甲斐）を見出したときだ。だから，仕事の内容を説明するときには，その仕事で目指すゴールも共有したい。

　　・配膳当番は食缶を空っぽにできるように配膳する。
　　・台拭きは，しっかり絞ったふきんを手の平サイズにして，四角く拭く。
　　・盛り付けは等しく美しく。

など，目指すゴールが明確であれば，子どもたちはそこに向かっていける。そして，ゴールが教師と子どもたちで共有できていれば「しっかりふきんを絞ってあるね」，「おいしそうな盛り付けだね」など，教師からも友達からもプラスの声がけもしやすい。「いいね」と声がかかると「次はもっと早く仕事をしよう」「働くって気持ちいい」と，その仕事に価値を見出す。

3 自己決定し，チームで動く

　給食当番は，自己決定できる余地と話し合いが起きるシステムにしている。子どもたちが自分で決めることで，意欲を引き出し，責任感を伴わせることができる。そして，話し合いは「チームで取り組む」という意識につながる。給食当番の仕事は，私の方で班の人数分の仕事の割り振りだけをして，仕事の分担は班での話し合いに任せている。そのため，毎日何かしら話し合っている姿が見られる。配膳をする子どもたちも，食缶やパンなど自分で仕事を選ぶ。仕事が1週間固定の班もあれば，日替わりの班もある。

　この方法は，低学年では難しいと思われるかもしれない。しかし，私は1年生を担任していたときもこのシステムで行った。1年生は小学校では新米だが，幼稚園では年長さんとして下級生をひっぱってきたはずだ。1年生だ

1章　学級を最高のチームにする赤坂真二の学級開き・授業開き　57

って自分で決めたいし，決める力がある。万が一，不平不満が出てきたり，けんかになったりしても，それを解決する方法を全員で話し合うきっかけにできる。大事なのは，もめないシステムづくりではなく，もめたときに解決できるシステムをつくることだ。ちなみに私のクラスでは，クラス会議（pp.78～81参照）がそれに当たる。

4 担任がゴールイメージとなり，そして邪魔者になる

給食の時間には，担任の私も仕事を分担している。欠席している子の代打などではなく，給食当番表には「先生」という欄があり，そこに子どもたち同様，週替わりで仕事が割り振ってある。この給食準備の時間に採点や連絡帳への返事を書くという先生も多いのではないだろうか。以前は私もそうだった。でも，それはもったいないと思った。理由は二つある。一つは，担任が率先して働く姿を見せることで，ゴールイメージをもたせることができる。そして，もう一つの理由は，給食は担任との個人的信頼関係をつくるゴールデンタイムだからである。

清掃と違い，給食時間は基本的に全員が教室で働いている。全員が「給食を準備する」という目的に向かって働くという，協同学習をしているのだ。給食時間は，どんな時間よりも子どもたちのことを見取ることができ，その働きに応じて声をかければ，教師と子どもの信頼関係をつくることができる。まさに給食時間はゴールデンタイムなのだ。

最初の7日間が過ぎ，やがてクラスの8割が自分の仕事以外にも自主的に動くようになると，そのうち，「はいはい，先生は黙って座ってて」と，担任は持っているお玉やしゃもじを奪われ，丁重に机まで連行されてしまう。子どもたちは自分たちで働くことが楽しいのに，大人が入るとそれだけ活躍できる場が減ってしまう。また，担任がいると永遠に「指導する側と指導される側」の構図のままであり，チームで働くために邪魔な担任は「座らせておこう」となるのだ。

5 全員に声をかける

　学級開き直後，システムを動かす原動力は，担任とのあたたかな関係性だということを忘れてはいけない。

　私のクラスでは，給食当番を終えると，子どもたちは私のもとへ来る。当番のホワイトボードに貼る，仕事終了の印のマグネットをもらうためだ。ジャンケンに勝ったら自分で好きなメダルを選び，負けたら担任が選んだメダルを受け取る。私はじゃんけんが圧倒的に弱いので，ほとんどの子どもは自分の好きなメダルを選ぶことができる。もし負けても「どっちがいい？」と子どもに選ぶ余地を残すようにしている。

　このメダルのやりとりは，仕事が終了したことを知らせることに意味があるのではなく，必ずクラスの全員と触れ合い，一声かける機会を生むことに意味がある。そうやって，子どもたちとの関わりをつくる。

　「水の冷たさに負けず，ふきんを洗ってくれたんだね」

　「残食なくカレーを配れたね」

　「友達の仕事も手伝うことができたね」

　無理に「すごい」「かっこいい」などという言葉をつけなくてもいい。一人ひとりに「ありがとう」の一言をかけるのでも構わない。「あなたがしていたことを，先生は見ていたよ」ということが伝わるだけでいい。

　しかし，このじゃんけんは徐々に色褪せていく。このじゃんけんを忘れるほど，全員が動き出すからだ。子どもたちは担任の手を自分から離して，バリバリと働く。そうなると，担任は御役御免で，ただただ，子どもたちが動く様子を「いいね，いいね」と見守っていくことに徹する。

　当番活動は，教師の仕事の下請けでも，子どもたちを管理するためのものでもない。どんなシステムであっても，共に働く中でチームとして成長していけるよう，出会った子どもたちに合わせてカスタマイズし，当たり前の活動こそきらきらと輝く活動にしていくことが大切だと考える。　（北森　恵）

1章　学級を最高のチームにする赤坂真二の学級開き・授業開き　59

最初の7日間　教師指導優位で集団をつくる

掃除当番のシステムをつくる

1 0日目

❶指導の前に教師の心を確かめる

　私の勤務校では，清掃時間は15分間。異学年で編成された，たてわり班で行っている。私の学校では週3回実施されている。年間で約100日以上清掃を体験することができる。そこで子どもたちは何を学ぶのだろうか。1年をかけて「清掃はただ面倒くさいだけだ」「上学年になったから下の学年にたくさんやってもらおう。自分もそうされた」「自分の範囲はやった。あとはぼうっとしていればいいや」という考え方を学んでいるのだとしたら悲しい。一生懸命な子はどうだろうか。「掃除は嫌いだけど仕方ない」「先生が怖いからやっておこう」と思っているのなら，なおいたたまれない。みなさんはどんな姿や学びを想像されるだろうか。
　私は，そこで「みんなのために働くことの喜び」や，清掃をすることで得られる自身の「心の成長」を子どもに体験してほしいと願っている。よって，清掃指導では常にそれを意識しながら指導するようにしている。

❷指導の前に場の環境を整える

　清掃が始まる前に，まず担当教室と掃除ロッカーを確認する。教室内で掃除で困るような場所はないか確認し，掃除ロッカーの清掃用具を整理整頓し，使いやすく揃える。ロッカーの中のヒモや道具が整然と揃っている状態にする。ほうきの柄の先端についているフックに引っかける紐が切れていたりし

た場合は，全て付け替えて長さを揃える。山田洋一氏から学んだ実践である。

　当たり前のことかもしれないが，清掃の環境を整えておくことで子どもたちが整った状態を認識でき，安心・安定にもつながる。子どもたちには気持ちよく清掃に来てもらいたい。

小学校

中学校

2　1日目　子どもたちと出会い価値を伝える

　清掃1日目，私は自由に清掃させてみることにしている。いろいろな年があり，いろいろな子と出会う。まずは，どんな子かをよく見る。そして全員に声をかけながら名前を言い，「よろしくね」と挨拶する。たてわり班全体としてではなく個人個人としてよく見て，いち早く名前を覚えるようにする。

　反省会では最後に先生のお話の時間を設け，子どもたちに清掃について問う。「みんなは掃除ってどうしてやっているんだと思う？　掃除をしてつけたい力はある？」子どもたちはたいていきょとんとしているが，それでも高学年の子を中心に答えてくれる。多くは「学校をきれいにするため」「大人になっても掃除できるように掃除の力をつけたい」という意味のことを教えてくれる。

　最後に私が清掃の価値について語る。「清掃は部屋をきれいにすること。その力を身につけることはとても大切なことだと思います。ただ，清掃をするときに『いやだなあ』って気持ちのときもあるでしょ。でも，掃除の時間になったら『よし，みんなのためにがんばろう』とか，『よし今日は自分のいやだって気持ちに勝ってがんばろう』とか，『ここをきれいにしたいんだよな』とか『○○さん，がんばってるなあ。ちょっと手伝おうか』とかそういうことを自分で考えながら集中して取り組んでほしいのです」「清掃の時間は，1日の中のほんの少し，その時間に，少しずつ自分を成長させていってほしいんです。そのためには，まず時間いっぱい一生懸命掃除することが大切です。だから清掃場所に来たらみんなでどんどん掃除を進めてください」

1章　学級を最高のチームにする赤坂真二の学級開き・授業開き　61

3 2日目 一緒に掃除する中で心を合わせる

　2日目は，みんなと一緒になって一生懸命掃除をする。

　高学年の子には自信をもって集中して清掃できるようにアドバイスしながら進める。高学年の子がリーダーシップがとりづらければ，教師が率先してとり，やり方を学んでもらう。慣れてきたら下学年の子の様子を一緒に見て「ねえ，あの掃除の仕方どう思う？」と声をかける。低学年の子どもたちがやり方がわからなければ教える。中学年の子どもたちが自分の仕事をしたあとに何をしていいかわからないようなら，仕事を教える。

　たてわり班の長所は，家族的な付き合いができるところであると思う。特に異学年ではそれぞれの子どもたちの事情や特性を受け入れようとしやすい。高学年の子たちには，主にリーダーとしてのアドバイス。低・中学年の子たちには，具体的な行動で何をするかを具体的に伝える。そしてそれをみんなで見られるように可視化する。それぞれ異なる性格のメンバーがまずは自分でチャレンジし，その取り組みのよさをみんなで認め合うことが必要なのだと思っている。そのようなコミュニティを成立させるように教師が動いていくことを心がけている。

　私の勤務校では，反省会は自分やメンバーのがんばっていた姿を発表することになっている。自分のいいところも友達のいいところも見つけて発表する。なるべく具体的に伝えるように指導している。もし，初日に話したように自分の心について話すことができる子がいたり，相手のことをおもんばかって話せたりしたら即フォローを入れるようにしている。掃除に取り組んだことで自分を見つめられたことや成長を実感できたこと，よい感情をもてたことが重要である。

4 3日目以降　教師がブレない

　3日目以降は，2日間で伝えたことを根気強く伝え続け，一緒に掃除をしながら取り組みを進めていく。しかし，その後も教師が率先垂範するだけで子どもたちが変わっていくと考えるのは早計である。子どもたちの成長を実感するまでの道のりはその年その年で違っている。ここからは，むしろ教師の姿勢が問われるのだと思う。

　2日間は子どもたちも緊張しているし，清掃に前向きなことが多いが，3日目になると個人差が顕著になってくるからだ。素晴らしく一生懸命な子がいる年もある一方で，低学年などはなかなか上手にほうきや雑巾といった道具を使えず清掃ができない場合もある。また，清掃の時間が始まってもなかなか現れない子や，自分の仕事があるのにしない子，自分の仕事以外はしない子もいる。掃除をしない子が出たらどうするのか。以前は「許さない。できるまでさせる！」とか「子どもが動き出すまで待ち続ける！」というように方法ありきで何が何でもその子を掃除させてやろうと考えることが多かった。だが，それで効果が上がったかといえば必ずということはなかった。

　最近は，子どもが掃除に集中できるように，掃除にきちんと向き合えるように自分にこの行動でいいのか問いかけながら，まずじっとその子を見るようにしている。そして，同じ清掃班のメンバーとして一緒に掃除をしていくことにしている。

（阿部　琢郎）

【引用・参考文献】
(1) 山田洋一『小学校初任者研修プログラム　教師力を育てるトレーニング講座30』明治図書，2014
(2) 平田治『「魔法の掃除」13ヵ月』三五館，2007

最初の30日間　子どもの自由度を増やしチームにする

学級目標をつくる

1 気になること

学級目標に関して気になることがある。ズバリ。

> 学級目標のオブジェ化。

つまり，学級目標をつくること自体が目的となり，その後の教育活動に一切活用されない，関連づけないということである。この問題をさらに具体的に見ていくと，次の４点に象徴される。

> □学級目標を教師が中心になって決めている。子どもの願いが読み取れない。
> □「あなたのクラスの学級目標は？」と聞いても，子どもが答えられない。
> □学級目標に否定語やマイナスイメージの言葉が入っている。
> 　（「いじめ０」「ちくちく言葉を言わない」など）
> □教室に掲示する学級目標が教師の手でつくられている。

　１年間の教育活動に生かされない学級目標ならば，つくらなければよい。作成に要する時間を他教科の授業時間に充てた方がよほど「マシ」だとさえ思う。しかし，学級目標がそのクラスの全員に浸透し，各種行事や学校生活

の中で具体的な目標になり，あらゆる教育活動の柱となれば，子どもたちは目を輝かせて活動し，素晴らしい力を発揮して大きな成長を遂げる。

2 学級目標のつくり方

校内の見回りをすると，他学級の学級目標が目に入ってくる。経験上，先述４点のいずれか一つでも該当している学級は，学級経営に課題を抱えていたり，その後，問題が発生したりすることが多いように思うのは気のせいではない。

では，学級目標をどのようにつくるのか。まずは先ほどの４点を裏返して考えてほしい。それこそが学級目標をつくる上での最低限必要なことであると言える。言い換えれば，学級目標とは，「学級全員の願いを込めて，子どもたちの手でつくられ，１年かけて達成していく目標」と言うことができる。

それでは，子どもたちの願いをもとに学級目標をつくろうとしよう。子どもたち一人ひとりに「どんなクラスにしたい？」と問う。すると子どもたちからは，「明るく楽しいクラス」「みんなが仲良しのクラス」「けじめのあるクラス」といったことが出される。しかし…

> 同じような言葉ばかりが出されるだけ

ということになる。そこで，子どもたちから出された意見を似ている言葉でカテゴリーに分け，次のように話す。

子どもたちは，四つの言葉を象徴するものを考えはじめる。そうして出されたものを「学級目標」としてつくりあげていく。もし仮に，複数の案が出されるようならば，学級活動，話し合い活動の出番である。

> みなさんの意見は，「明るく楽しい」と「協力」，「チーム」，「挑戦」という四つにまとめることができました。

1章　学級を最高のチームにする赤坂真二の学級開き・授業開き　65

では，この四つ全てが当てはまる人物やモノを考えてください。
有名人でも，マンガの主人公でも，乗り物でも食べ物でもＯＫです。

　このような過程を経て完成した学級目標は，当然のことながら子どもたちの願いが詰まっているため，「子どもたちの学級目標」となる。

3 みんなで「創」る・みんなで「作」る

　さきほどの「明るく楽しい」「協力」「チーム」「挑戦」の四つは，実際に私が担任した学級（４年生）で出された言葉である。子どもたちは四つの言葉が当てはまるモノを考えた結果，

「世界の海を大冒険　ドリーム402」

という学級目標を「創」った。
　海賊船に乗って仲間と協力しながら旅をするマンガの主人公から，「海賊船」と子どもが発言したことを発端に，「海賊はイメージが悪いから」との発言で「船」へと変わる。その後，「その船に乗って世界中を旅する感じ」，「船の名前は，ドリーム号」との意見が加わった。クラス全員の思いを言葉にして意見を交わし，学級目標を「創」ったのである。
　「創」ったあとは，「作」るのである。子どもたちが主体となって作成する。自分たちの思いが詰まった目標なのだから，掲示物をつくるときにも自然と熱が入る。飾りとしての役割ではなく，１年間かけてクラスみんなで追い求める目標である。教室の誰もが見えるところに掲示して可視化し，「今，このクラスは学級目標を何パーセントくらい達成しているかな？」「その行動は，学級目標に合っているかな？」「今度の学校行事，学級目標に近づくために，どんな目標を設定しようか？」とことあるごとに子どもたちに問いかけていく。

4 学級目標完成の先

　このようにして学級目標が完成するわけだが，学級目標をつくることよりも，その後どのように活用していくかの方がはるかに重要である。そうでなければ，学級目標は単なる掲示物となってしまう。

　例えば，先述の学年では，1年間かけて達成していくための「しかけ」として以下のようなものが施されていた。

・毎月，旅の途中で「島」を見つけて，メダルを探す。
・メダルをゲットするには，ミッションをクリアしなければならない。
・ミッションの内容は，子どもたちが考えて，クラスで話し合って決める。
　例）運動会で全員が個人の目標を達成できたらメダルゲットにしよう
・ゲットしたメダルはペットボトルに入れて1年間貯める。
・ペットボトルはクラスの集合写真と紐でつながれていて，メダルが貯まると，その重みで集合写真が学級目標の裏から浮上してくる。

　学級目標を1年間の柱に据えると，日々の指導が「点」から「線」になる。すべてを学級目標につなげるのである。

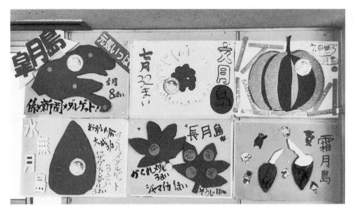

係活動を中心に作成された「島」の数々

（畠山　明大）

最初の30日間　子どもの自由度を増やしチームにする

「チーム」になる意味を伝える

1 「チーム」とは何か

　子どもたちに「チームになる意味」を伝えようと思ったとき，ふと考えてしまったことがある。「チーム」とは，果たして何なのだろうか。読者の皆様が考える「チーム」とは何だろうか。
　私にとっての「チーム」とは，「同じ目標に向かい，お互いのよさも課題も認め合い，学び合い，育て合う集団」のことである。そして，私の思い描く「チーム」では，担任も子どもたちとともに認め合い，学び合い，育て合っている。学級状態でいえば，自分たちで課題に気づき，自分たちで課題を解決することであり，まさに「自治的集団」と同義であると考えている。

2 「チーム」になる意味

　平成28年12月21日に出された中央教育審議会答申では，予測困難な時代に生きる子どもたちに必要なのは，変化に主体的に向き合って，関わり合い，その過程を通して，自らの可能性を発揮し，よりよい社会と幸福な人生の創り手となる力であるとしている。
　また，その力を身に付けるためには，「主体的・対話的で深い学び」の過程を重要視している。その学びを実現する際には，学級が「チーム」の状態になっていなくては難しい。極端な例として，「目指す方向がバラバラで，同じ学級のメンバーだが，お互いには興味関心のない集団」ならば，学びの

実現が難しいと容易に想像できるのではないだろうか。

認め合い，学び合い，育て合うために必要な力に「共同体感覚」がある。岸見は，「共同体感覚の英語訳を使って説明するならば，self interest（自分への関心）を social interest（他者への関心）へと変えていかなければならない。この『他者への関心』が『共同体感覚』である。教育は共同体感覚の育成である，とアドラーがいうとき，自分にしか関心がない子どもの関心を他者に向けることを意味する」と述べている。私は，「他者のことをも自分事として考える」ということだと解釈している。

つまり，「チーム」になる意味とは，その過程において「共同体感覚」を育むためということになる。ならば，どのようにその意味を伝えていけばいいのだろうか。言葉だけで伝えようとしても難しいであろう。日々の取り組みを通して，その意味を子どもたちが実感する必要がある。

3 「チーム」になる意味の伝え方

ネルセンらは，「共同体感覚」を育む際には，集団内に他者の成長や自己実現を願う雰囲気が必要であり，担任が身をもって，それを示すことが大切だとしている。まずは，何事も「自分が源泉」の考え方を担任がもつことである。私の考えるポイントを三つ示す。

❶よさに目を向ける

何よりも大切なのは，担任が子どもたちをどう見ているかである。そして，どれだけ寛容になれるかである。同じ出来事でも解釈次第で，よくも悪くも捉えることができる。私は，だまし絵を見せて，同じ絵でも人によって見え方が違うこと，いい方に見る大切さを伝え，教師から称賛を伝える取り組みや子どもたち同士が認め合う取り組みをシステムとして行うようにしている。

その取り組みは，毎日継続され，自分への見方，友達への見方の肯定的な変容を促す機会となる。

1章　学級を最高のチームにする赤坂真二の学級開き・授業開き

❷受容する・共感する

　子どもたちを在りのまま受け止めることである。その前提として，多様性と対等性を意識する必要がある。担任が子どもたちとの上下関係に固執して，水平関係を築く意識がない限り，勇気づけの言動は生まれない。

　子どもたちへのフィードバックはⅠメッセージで受容的・共感的に伝える。集団内に安心感が生まれない限り，子どもたちが学び合い，自ら「チーム」になることはないであろう。担任も子どもたちから学び続けることができるかどうかである。

❸導く・任せる・共に創る

　ときに教え導き，ときに信じ任せ，ときに共に創る構えで試行錯誤する。担任も子どもたちと育て合い，ともに「チーム」を創る一員となる。リーダーシップを調整して，子どもたちに最適な環境を創ることである。

　担任の存在は，とても大きな環境要因であることは間違いない。ある学年の子どもたちは，担任の私を「仲間」だと言ってくれた。「チーム」において，最終的に子どもたちと担任は水平関係を築くこととなるだろう。

4 「チーム」になる具体像

　ある年に担任した１年生の姿から，「チーム」になる具体像を考えてみる。

　生活科で６月から11月まで世話をしてきた「ふわくん」（ふわふわ言葉が増えて，自分もヤギもやさしくなってほしいという願いを込めて，子どもたちが名づけた）との別れが近くなり，ふわくんとの思い出を創るためにどんな活動を

ふわくんとのイス取りゲーム

するかを話し合って，実践して，振り返ってを繰り返していたときである。

　子どもたちは，ふわくんとの様々な活動を計画した。例えば，鬼ごっこ，

縄跳び，色鬼，イス取りゲーム等である。大人である私からしてみれば，子どもたちを信じ，どこまで任せるべきかを迷うことが多かった。しかし，子どもたちは，ふわくんのことを考えて，特別のルールを話し合って，実践してみせた。例えば，イス取りゲームでは，「ふわくんの好きな食べ物を椅子の上に置いて，ふわくんがそれを食べたらイスに座ったことにする」というルールである。ふわくんが最後まで残るというおまけ付きであった。そして，子どもたちも担任も，きっとふわくんも笑顔であった。

子どもたちは，担任の想像を越えて，ふわくんと楽しい思い出を創ることができた。これは，子どもたちに共同体感覚が育まれ，ふわくんも含めて，チームとなっていたからなのではないだろうか。

5 「チーム」には解散がある？

3月には学級解体がある場合が多い。「チーム」の解散を意識して，次年度のことを思い遣ること，つまりは，担任としての自分の色を薄めることが現担任の責任と言われることもある。

しかし，物理的に「チーム」には解散があるように思えるが，「共同体感覚」を育んだ「チーム」は，離れ離れになっても子どもたちは心でつながり合っていくだろうと思う。そして，次年度には，新しい場所で，新しい仲間とともに「チーム」になろうと力を発揮するだろう。

だから，担任は最後まで遠慮せず，子どもたちとともに認め合い，学び合い，育て合えばいい。「導く・任せる・共に創る」のバランスを大切にしながら。

（髙橋　健一）

【引用・参考文献】

(1) 岸見一郎『アドラー　人生を生き抜く心理学』（NHK BOOKS）NHK 出版，2010

(2) ジェーン・ネルセン・他『クラス会議で子どもが変わる』会沢信彦訳（コスモス・ライブラリー）星雲社，2000

最初の30日間　子どもの自由度を増やしチームにする

ゲームで雰囲気をつくる

1 ゲームでつくる雰囲気とは

　広辞苑によれば，ゲームとは「遊戯。勝負事」を第一義にもつ言葉である。教育とも親和性が高く，学級でできるゲームの本は，書店にあふれている。ゲームは①手軽で②誰でもでき③反応がすぐ返ってくるため，取り組みやすい。その一方で，指導者が「なぜゲームを取り入れるのか」を意識していないと，ゲームを取り入れることによって，かえって子どもたちを興奮させてしまう。興奮すると，トラブルにつながったり，雰囲気を悪くしてしまったりする。

　つまり，ゲームの導入は，クラスの雰囲気をよくも悪くもする諸刃の剣であると言える。そこで，本稿ではゲームの導入によってつくられる雰囲気を三つに大別し，その意図するところを説明していく。

❶楽しくチャレンジする雰囲気
　一つ目は，ゲームの最大の利点である楽しさとチャレンジについてである。子どもたちは楽しいことが大好きである。1日1回，スキマ時間の5分程度を使ってジャンケン大会を開くだけでも，大盛り上がり。毎日少しずつルールやゲームの種類を変えていき，「明日は何をするのかな。このクラスでよかったな」と思わせられれば導入した甲斐がある（楽しいゲームに関しては中村健一先生の著書を読むことをお勧めする）。

　ポイントは二つある。一つ目はゲームにも順序があると心得ておくこと。

再びじゃんけん大会の例で考えてみよう。教師が最初から「先生とじゃんけんして，負けた人は座っていきます。勝った人だけ立ってじゃんけんを続けます」と言って始めてしまうと，ずっと参加していたくてズルをする子どもがでてきてしまう。その結果，「ウソをついてはいけないよ」といったことを指導する羽目になり，せっかくの雰囲気を壊してしまうことになる。そうならないためにも，最初は勝ち負け関係なく全員参加を保障できるじゃんけんから始める必要がある。例えば，「先生と10回じゃんけんをするから，何回勝ったか覚えておきます」などで始めて個々で充分に楽しんだあと，「制限時間内にいろいろな人とじゃんけんして何回勝ったか競う」「ペアでじゃんけんをして，負けたら後ろに付いていく（じゃんけん列車）」「グループ対抗で勝ち抜き戦を行う」といった参加人数が減っていく勝ち負けのあるゲームを導入していく方が子どもたちは満足できる。

　当然ゲームの種類も大事である。場が温まっていないのに椅子取りゲームなどの「参加者が減っていくゲーム」を取り入れると，参加できなくて場がしらけたり傍観者が出てきたりしてしまうので，はじめに椅子を減らさずに遊んでから導入するなど工夫をする。このように，全員参加を保障してからスモールステップで勝ち負けを入れていくことが，大事なポイントであると言える。

　そして二つ目のポイントは勝ち負けをどう経験させるかである。ゲームの定義上どうしても勝ち負けが発生しやすいが，そこにこだわる子もいる。何度もやる中で「負けたけど次こそは勝ちたい」という健全なチャレンジ精神をはぐくめるよう留意したい。そのためには，「みんなはゲームをするときに，いつも自分が勝つようにしていても面白くないよね。だから先生はみんなに勝ち負けどちらも経験してほしいから，負けた人やチームにどんどんアドバイスしていくよ」というように，教師はいつも負けた人やチームの助言者であるというスタンスを子どもに示しておく必要がある。また，「勝つも負けるも時の運」といったことわざを教え，合言葉のように掛け合いをしてから始めるという方法もある。「今日は最後まで負けた人が優勝」といった

1章　学級を最高のチームにする赤坂真二の学級開き・授業開き　73

ユーモアを交えて，負けることに対する抵抗を減らしていくのもよい。

❷関わろうとする雰囲気

　二つ目は，子ども同士が関わろうとする雰囲気である。学級開きをして間もないクラスで，授業中に友達に自分の考えを伝えるのは勇気のいることである。ましてや高学年にもなると，男女で関わることが恥ずかしいという思いをもっている子もいる。

　しかし，ゲームであれば，「先生が言うのだから仕方ない」と言いながら，喜んで男女のペアやグループをつくり，協力して取り組むことができる。本心では子どもたちは関わり合いたいと思っている。例えば1分の制限時間の中で紙にしりとりを書いていき，どこまで書けるかやってみる。「好きな食べ物」や「最近ハマっていること」といったテーマで質問しあってみる。その中で，友達に共感したり，意外な一面を発見したりと，「人と関わることの楽しさ」を見出していくことができる。そこから授業のペア・グループ学習につなげていくのである。

　ポイントは男女が関わることを教師自身が「当たり前」と捉え，子どもたちに示すことである。「せっかく縁があって同じクラスになったのに，友達のことを知るチャンスを逃すなんてもったいない。男の子も女の子も協力して取り組むことで，楽しめるし一人では解けない課題もクリアできるんだよ」ということを，4月から繰り返し語っていく。教師が普段から意識していないことは，子どもたちに定着することはないと思っておくべきである。

❸ルールを守る雰囲気

　三つ目は，決められたルールを守るという雰囲気である。学級開き後1ヶ月のうちに様々なゲームを導入することの最大のねらいはここにあると言ってよい。「先生の話を静かに聴いていたら楽しいゲームができる」「ゲームのルールを守らないと楽しくなくなる」といった経験を重ねることで，メリハリをつけてゲームに取り組めるようになる。

最初の7日間に教師指導優位で集団をつくってきたように，ゲームにおいても教師がクラスのリーダーとして取り組んでいくのが望ましい。その中で，子どもたちから「こういうルールでやってみたい」という要望を引き出していき，少しずつ子どもたちの自由度を増やしていく。そうすることで学期末のお楽しみ会などは，自分たちで運営していけるようになるのである。

ポイントはタイマーで時間を区切るなどして終わりを明確にしておくこと。時間で区切れないときは「先生が手を挙げたら終了の合図です」というように，教師が話し始めるときの注目の仕方を共有しておくことである。また，指示が多いとかえって聞かなくなってしまうので，指示を極力減らすことを心がけてテンポよく進められるようにしたい。楽しませてあげたいという気持ちが先立ちここを疎かにしてしまうと，「静かにしなさい」ということを再三言わなくてはいけなくなる。教師が指示したことをきちんと守ることによって楽しい時間をみんなで共有できるということを示しておかなければ，むやみに子どもたちを興奮させて「指示が通らない」クラスをつくりあげてしまうことになる。

2 失敗談

私自身苦い思い出がある。初任の頃の学級でお楽しみ会をしたときのこと。せっかく時間を確保してドッジボールをしたのに，ケンカになり険悪なムードになってしまった。今思えば，それまでにゲームで小さな勝ち負けを経験させたり，ルールを守ってみんなで楽しめるようにしたりする意識が弱かったように思う。ゲームを意図して学級に導入することで，笑顔あふれる学級づくりに生かしてほしい。

(江口　浩平)

【引用・参考文献】

(1) 赤坂真二編著『クラスを最高の雰囲気にする！目的別学級ゲーム＆ワーク50』明治図書，2015

最初の30日間　子どもの自由度を増やしチームにする

学級の最小単位を鍛える

1 チームの最小単位はペア

　学級をチームにしていくには，子ども同士のコミュニケーションの質と量とを高めていくことが必要である。では，そのコミュニケーションをどこから始めればよいかといえば，チームの最小単位である2人組，ペアである。
　ペア活動の成立は，安心感と対話的な授業の基盤となる上，自分の意見を聞いてくれる相手との1対1のやりとりであるため，「できる自分でありたい」「自分で決めたい」「つながりたい」といったやる気につながる欲求を充足することができる。学級内で子どもたちが誰とでもペア活動ができるようになると，学級は生活面でも学習面でもチームとして機能するようになっていくのである。

2 まずは隣同士のペアから

　知り合いができることが心の居場所になり，安心感につながるということは，見知らぬ者同士が集まった研修会や担当者会議などに参加した経験がある方なら容易に想像できるであろう。毎日接する機会が自然と多くなる隣同士のペアを仲のよい知り合い関係にしながら，良質のコミュニケーションの経験を積み重ねていくことは，学級における居場所，安心感につながる重要なポイントである。だから，学級開きをして顔と名前が一致し，それぞれの子どもの特徴がつかめてきたら，実態に応じて早めにペア活動が成立する者

同士の座席に替えていくのがよい。最初の30日間の目標として，この隣同士のペアがいつでも抵抗なく当たり前に協働的に活動できることを一つの目安にするとよいだろう。

隣同士のペア活動ができるようになってきたら，前後のペア，斜めのペアでの活動も取り入れていく。生活班の4人グループ内での相手を入れ替えたペア活動ということである。誰とでもペア活動ができる状態を目指して段階を踏んでしかけていこう。

3 ペア活動のイメージとルール

最初の30日間で成立させたいペア活動のイメージとしては，「ペアでのおしゃべり」である。

一斉型授業の中にペアのおしゃべりの時間を設けていく感じと捉えてもらえばよい。

ただし，このおしゃべりが安心感のある良質なコミュニケーションとなるよう，目指すペア活動のイメージを子どもたちと共有し，意識したいポイントまたはルールを決めておくとよい。

ペアで学ぶときのルール（例）
・相手が話し終わってから話そう。
・「いいね」の聞き方をしよう。
・2人が同じくらい話そう。
・合図があるまで話そう。

ポイントは相互の尊重と対等性，一人残らず全員の成長を全員が本気で目指すことである。学級をチームにするための重要な価値観をペア活動から浸透させていこう。

1章　学級を最高のチームにする赤坂真二の学級開き・授業開き　77

4 最初の30日間のペア活動

まずはペアでのコミュニケーションの量を確保しよう。ポイントは，

> 短時間で多回数，小さな変化を入れながら

である。短くは5秒での答えの確認でもよい。ペアでのコミュニケーションに抵抗なく，当たり前のこととして取り組むことができるように繰り返し何度もたたみかけるように行っていきたい。その際，毎回同じことの繰り返しが続かないように小さな変化を入れながら行っていくことが大事である。

そして，話す順番の指定や交代の合図などの教師による細かな指示や設定をだんだん減らして，子どもに活動を徐々に任せて自由度を増やしていけるとよいだろう。

❶ペアで3秒確認

計算の結果や既習した学習用語についてペアで3秒や5秒といった短時間でサッと確認する。超短時間ともいえる時間の設定がゲーム感覚で楽しく活動できる上，ペアでのコミュニケーションへの慣れや確認することで次の活動に向けた安心感も生まれる。

❷ペアでおしゃべりタイム

学習内容に関しての短いペアでのおしゃべりタイムである。ほどよい緊張緩和や集中の仕切り直し，思考のヒントやつまずき解決のチャンスにもなる。おしゃべりタイムを設けるタイミングとしては，教師の説明のあと，友達の意見を聞いたあと，学習活動を始める前，学習活動をしたあとなどが考えられる。

学級開きで子どもにクイズを出題したり，どう思う？と投げかけた後にこ

のおしゃべりタイムを行ったりすることで全員参加で盛り上がることができる。

❸ペアで伝え合い＆コメント交換

　話をする順番を指定したり，交代の合図を出したりして，教師がペア活動を構成しながら進める。双方向のコミュニケーションができるように聞き手の質問から始めるとよい。一方が話し終わったら，聞き手から必ずコメントを返す（反応する）ことにする。

❹質問ペアトーク

　質問を取り入れたペアトーク。話し手は質問され，それに答えていくことによって自分の考えがよりはっきりしたり，新しいアイデアが引き出されたりする。話し手の発言が終わっても聞き手が質問をしていくことによって，ペア活動が続けられるようになる。

質問ペアトークの質問例
・どう思った？　　　　・どうして？
・他にはある？　　　　・それから？
・詳しく教えて？　　　・○○ってどういうこと？

　自由度を増やしながら学級をチームにしていくために大切にしたいのが「振り返り」である。週に一度または月に一度，帰りの会や学級の話し合いの時間などに，ルールは守ることができているか，目指すペア活動になっているか，よかった点，もっとよくできる点などを振り返る場が設けられるとよい。

　ペアでのコミュニケーションの質と量の向上がグループ，学級全体での対話の基礎となって生きてくる。最小単位であるペアを鍛え，学級をチームにしていこう。　　　　　　　　　　　　　　　　　　　　　　　　　　　（生方　直）

1章　学級を最高のチームにする赤坂真二の学級開き・授業開き

最初の30日間　子どもの自由度を増やしチームにする

小集団を鍛える

1 良質な小集団をつくる

　新しいクラス。子どもたちは仲間のことをどう思っているだろうか。「隣のクラスだったあの子にどう思われているだろうか……」と，ネガティブに考えている子どもは，結構いるのではないか。ここでは，新しいクラスの仲間に少し抵抗をもっている子の気持ちに寄り添って，良質な小集団（4名程度）を鍛えるための取り組みを考えてみたい。

❶子どもをつなぐソーシャルスキルトレーニング

　班の座席に座る。「隣の子は私のことをどう思っているだろう」と子どもが不安を抱く前に，子ども同士が関わる取り組みとして，ソーシャルスキルトレーニングを行う。ソーシャルスキルトレーニングとは，社会的に必要な人と人の関わり方を積極的に教える取り組みである。

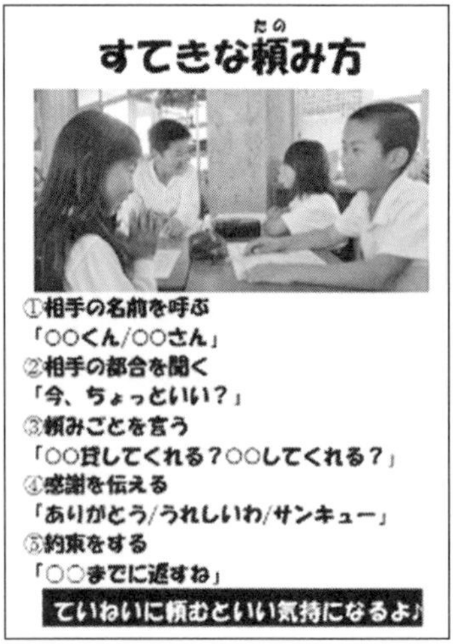

　まずは，話しかけ方から関わり方を確認する。聞き手，話し手の役割をペアで決めて，どのように話しかけるといいか，学級全員で話し合う。子どもたちからは「まずは肩をトントンとしたらいい」，「いきなり肩は叩きに

図1　学級掲示

くい」,「じゃあ,『なあなあ』って声をかけたらいい」と,どのように話しかければいいか,子どもたちから出された言葉を整理する。教師からも「まずは名前を呼ぼう」と助言をする。このような過程で,話の聞き方,頼み方,断り方と四つのスキルを学級で確認し,学級に掲示しておく(図1)。そして,確認したスキルを小集団でペアを変えて練習する。みんなで決めた関わり方を笑顔で練習する姿が見られるようになる。このように,教師が主体となって子どもの良質な関わりをつくり,場面を仕掛けていくことで,子どもの不安な気持ちを解消する。

❷小集団を鍛えるポジティブカード

　小集団の中には,力の強弱,気の強い子や弱い子,様々な子がいる。
　ここで大切なことは,小集団を固定しないということである。最初のうちは,子ども同士で生じる問題を恐れずに短い期間で小集団のメンバーを入れ替えていくことを大切にする。できるだけ,たくさんの関わりをもってほしいからである。
　その小集団で様々な取り組みを行う。例えば,算数の問題を考え合ったり,体育の跳び箱を教え合ったり……できるだけ小集団を活用して授業を行う。座席はすぐに小集団になれるように工夫しておく。そして教師はできるだけたくさん,子どもの良質な関わりを称賛し促していく。
　小集団での授業の終わりには,仲間との関わりの振り返りを行う。そこで用いるのがポジティブカードである(図2)。これには,仲間のよかったところや,助けてもらったこと,教えてもらったことなどを記入する。
　まず教師はグループのテーブルに人数分のカードを置き,「このカードを,グループ全員がもらえるように書いてください」と指示する。つまり,A,B,C,Dのメンバーがいた場合,AがB,C,Dに記入し,BがAに記入すると,全員がもらえることとなる。

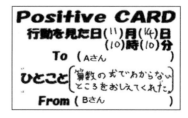

図2　ポジティブカード

このとき，ＣとＤは記入しないこととなるが，記入しないことを認める。他者のいいところを認められない子が責められることを避けるためであるが，継続的に認められる経験と，教師のサポートで，全員が全員を認められることを目指していく。子どもたちが書いたカードには友達への感謝や称賛の言葉が並ぶが，継続的に取り組むと，「○○さんに勉強を教えていたね，すごいと思うよ」と，自分以外の第三者に友達がした行動を称賛するカードが増えてくる。このように，子どもが主体となって関わりを継続的に認め合うことで，学級の関わりを鍛えることができる。

❸小集団で高め合うグーチャレンジ

　小集団の関わりを鍛え，関わりを増やしていくと，小集団の中に安心感が生まれていくことを子どもたちと教師は実感できるだろう。例えば，「教科書ある？　貸そうか？」や，「ノート書くよ」など，以前なら声をかけなかった相手に声をかけたり，気になっているけど言えなかったりすることを言えるようになってくる。この子どもたちの関わりの変化に教師が気づいたら，次の取り組みを導入する。

　学級を三つほどの集団に分けて，学級みんなで１週間がんばりたいこと，大切にしたいことを決めて，その目標にチームとして「グーチャレンジ」というゲーム形式で取り組む。毎週のはじめに学級全員で，「１週間，学級みんなでがんばりたいこと，大切にしたいこと」を決める。ここで決める大切にしたいことは，「全員が実行することができること」，そして「全員ができている，とわかりやすいもの」，であることが好ましい。ここでは，例として「授業前に机の上を整理する」に決まったとして取り組みを説明する。

　授業開始前に机の上を整理する機会をつくる。机の上を整理したら（準備物を準備する，またはすべてを片付ける），子どもたちは教師にグーを挙げて整理ができたことを示す（図３）。そしてチーム全員が30秒以内にグーできたら，チームはポイント（今回の取り組みでは花びら）を得ることができる，というゲーム形式で取り組む。それを毎授業（１日に５回程度）行い，

大切にしたい行動を定着させていく。1日5ポイント達成するとお花が完成することとし、子どもの取り組みへの意欲を高める（図4）。1週間で10回以上お花が咲いたら、みんなが楽しめることをするなどして、ポイントとお花の価値づけをしていく。

図3　グーチャレンジの様子

「早く，片付けよう！」「グーしたら静かにしよう！」などと子どもたちの友達への声が飛ぶ。大切にする行動をみんなで取り組もうという，高め合う意図が含まれた声かけにしていくのである。しばしば学級では子ども同士の注意やネガティブな言葉が聞こえてしまうが，しっかりと子どもたちをつないで関わりを鍛えた上で取り組みを導入することで，配慮ある声かけができるようになっていく。

図4　ポイントの掲示

2 学級を集合から集団へ！

新しい学級の子ども同士がつながっていない状態の学級を，30日後には一人ひとりが関わることができる一つのまとまりとなった学級集団にすることが，教師の責任である。子どもは勝手に関わりをもてるわけではない。教師が小集団の一人ひとりの関わりを丁寧に育み，継続的に鍛えていくことが重要である。

そのためには，パッチワークのように対処的に実践を重ねるのではなく，目指す子ども・学級の姿をイメージしながら，一つ一つの取り組みを計画的に織り重ねて実践していくことを大切にしたい。

（松山　康成）

最初の30日間　子どもの自由度を増やしチームにする

全員で課題達成の経験を積む

1 「全員で課題達成」をまず体験する

　クラスの仲間全員が協力したからこそ，全員で課題が達成できたという経験を，4月のなるべく早い時期に体験することが大切である。
　学級の時間，ちょっとしたゲームをしようと投げかけ，次の課題を出す。

> 1分間で誕生日の順番に並びます。ただし，しゃべってはいけません。

　この指示だけだしたら「よーい，どん」でゲームスタート。1分間きっかりで「そこまで」と言って切る（なお，出席番号が誕生日順の場合，「誕生日」の部分を変えて実施する）。
　当然，うまく並べない。交流ができるクラスの場合，ここで周りと自然に相談を始める。それが見られない場合は，次のように投げかける。
　「どうすればうまくいくでしょう」
　「みんなで協力する」「手で伝え合う」といった方法が出る。同じ指示で再度始める。すると，見事に並べる。
　ここで全員で拍手するなどして，全員でやり遂げたことに価値づけをする。
　「全員が課題を達成しようと協力したからこそ，うまくいきました。この学級なら，どんな課題もきっと協力して乗り越えていけます」
　協力する心地よさ，全員で課題を達成する感覚を，ここでつかんでおく。学級での学習においてのコミュニケーションの大切さもここで学べる。

2 「馬鬼」で全員が課題達成の経験

　体育の授業で「仲間との協力によって全員が課題達成」の経験をつくり出す。仲間同士の信頼関係の構築につながり，安全・安心な学級づくりの土台ができる。その教材として，体育の授業開きで鬼遊びの中の「馬鬼」を行う。

　「馬鬼」とは「氷鬼」の変形版である。「捕まったらその場で氷になって固まり，味方がタッチしたら氷が溶けて復活できる」というのが氷鬼。これを，氷になって固まる代わりに，馬跳びの「馬」になり，味方に跳んでもらえたら復活できるというもの。

　この「馬鬼」を学級開きで行う理由は，運動量の確保という面に加え，「男女のふれあい」をねらえるからである。特に高学年になると，男女を意識して，男子は男子，女子は女子しか助けなくなる。単なるタッチと馬跳びだと，意外にも馬跳びの方が抵抗なくふれあえる。なぜなのか。

　その理由は，タッチと違い，あくまで「馬跳び」という運動をしている感覚によるものと考えられる。具体的な実施方法を以下に述べる。

❶仲間を助けた人を取り上げて認めていく

　まず基本のルールで馬鬼を実施したあと，全員を集めて次のようにきく。

　「仲間を１人でも助けた人？」

　これを全体で確認して称賛することで，「ああ，それが大切なのか」と認識させていく。さらに「女子で男子，男子で女子を助けた人？」というようにきいていけば，「男女が助け合うことが大切」という認識も深めていける。

❷ルールとして採用することで，意図的に混ぜてあげる

　しかし先の方法をとってもなかなか助け合おうとしないとき，どうするか。

　原因を考えると「何か恥ずかしい」というものがほとんど。周りの目を気にしている。小さなことだが，子どもにとっては大きいことである。

1章　学級を最高のチームにする赤坂真二の学級開き・授業開き　85

そこで，教師の出番。ここは，こちらからルールとして決めてしまう。

「女子は男子，男子は女子にしか助けてもらえません」というものにすると，否が応にも助け合うことになる。「そういうルールなんだから，仕方ないよね」という，助けるための大義名分を与える。

ここでは，課題を与えることはしない。しかし，1回行うごとに「助けてもらった人？」「助けた人？」と確認することで，子どもたちは自然と「助ける」ということへ意識が向く。結果的に，全員で協力して課題に向かって達成していくという経験ができる。

子どもたちは，教育の手を入れずに放っておけば，そのままの状態である。

特に4月の学級開きの時期は，教師の側で，明確なねらいに沿ったルールをとりあえずでも設定することが成功のカギとなる。

3 跳び箱で全員が課題達成の経験

体育の授業で「教師の手と仲間の応援によって全員達成」の経験をつくり出す。教師との信頼関係の構築につながり，その後のあらゆる指導が入りやすくなるメリットがある。

先の「馬鬼」を準備運動として行い，本運動として次の課題を与える。

全員跳び箱が跳べるようになろう。

跳び箱が跳べない子どもにとっては，まさに「脅威的」な課題である。跳び箱が跳べないだけのことで，「自分は体育が苦手だ」と認識するようにすらなる。だからこそ，この壁を最初の30日間の内に越えさせることができたら，個人にとってもチームづくりにとっても大きなプラスになる。

成功のポイントは次の通り。

安全・安心の環境づくり。

跳び箱に挑戦できない最大の理由は、恐怖心。ここを取り除けないと、克服以前に挑戦自体が難しくなる。恐怖心の原因は、次の2パターン。
　①跳び箱自体が怖い　②跳べないことを見られるのが怖い
　この二つは、同じ恐怖心でも根本が違う。ここの見極めが必要である。

❶跳び箱自体への恐怖心を取り払う

　この場合、「安全」な環境づくりがポイントとなる。跳び箱にぶつかって痛いことや、高い所から落ちることによる本能的恐怖心。これがあると、筋肉が無駄に緊張し、パフォーマンスが大幅に下がる。

　具体的な対策として、落ちても痛くないように周りに何か敷く、サポーターを装着させる、補助をする、スモールステップで行うなど、失敗しても痛くない手をうつ。さらに「向山型跳び箱指導法」（※1）等の適切な指導法を用いれば、確実に跳ばせられる。

❷跳べないことを見られることへの恐怖心を取り払う

　こちらの場合、「安心」の環境づくりが大切となる。自尊心が傷つくことによる精神的苦痛で、高学年になるほどこちらの場合が多くなる。だが「○○さん、がんばって!!」と心から応援される経験は「失敗しても大丈夫」という自信を生む。最後の一人が跳べた瞬間は、拍手喝采である。
　学級にその雰囲気がつくれない場合やプライドが極端に高い子どもの場合、放課後に教師と2人で「秘密特訓」をしたあと、授業に入るという方法もある。全員で課題達成の経験の積み重ねこそが、学級を「チーム」にしていく。

（松尾　英明）

【引用・参考文献】
(1) 向山洋一『感動のドラマ「跳び箱は誰でも跳ばせられる」』（教え方のプロ・向山洋一全集14）明治図書、1999

最初の30日間　子どもの自由度を増やしチームにする

クラス会議でチームにする

「どんなクラスにしたい？」
　子どもに尋ねると以下のような答えが返ってくるだろう。
「楽しい，明るい，一生懸命，仲良し，**いじめがない**」
　子どもたちに聞いてみると「いじめがない」が特に大事だと言う。安心して過ごせる教室をしたい，みんなで協力したいという思いを子どもたちはもっているのである。
　では，どうすれば子どもたちが理想とする教室ができるだろうか。私は「問題をみんなで協力して解決する」経験を積み重ねることだと考えている。それを具体的な活動として最適に取り組めるのが「クラス会議」である。本稿では，その中で，クラス会議を本格的に始める前に実施する「スタートプログラム」について紹介する。

1　クラス会議とは

　司会者（2名），黒板記録（2名），ノート記録（1名）を決め，輪になり，自分たちで決めたルールを読み上げるところから始める。そのあと，うれしかったことや感謝したいことなどを交流し，教室の雰囲気が安心して話し合いができる状態になったところで，話し

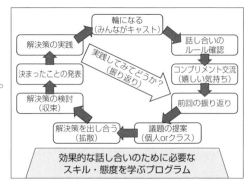

合いをスタートする。トーキングスティックを回して発言することで、全員に発言のチャンスがあることになり、対等性が保証される。それぞれがブレインストーミング的に出し合った解決策を、実際に行ったときをイメージし、「いいこと」「心配事」を出しあう。そこから折り合いをつけて解決策をしぼる。決まったことを1週間実践し、次のクラス会議で振り返りをする。

　前頁の図は、私のクラスで取り組んできたクラス会議のイメージである。

　クラス会議を継続的に実施することで、教室における担任の位置は、

運転席　⇒　助手席　⇒　後部座席　⇒　外から見守る

と変化していった。担任が管理しなくても機能する学級になったということである。しかし、はじめはしっかりと担任のリーダーシップのもとで指導する時期も必要である。

　特に、4月にしっかりとした土台ができると、クラス会議を続けながら「子どもの自由度」を少しずつ増やすことができる。ここでは、効果的な話し合いのためのスキルや態度を学ぶプログラムの中で、「最初の30日」で実践したいものについて紹介する。クラス会議の価値を高めることはもちろんのこと、日々の授業や日常生活の中でも大きな効果を発揮するはずである。

2 効果的な話し合いのスキルや態度を学ぶプログラム（2時間）

❶ 「よい聞き方」を考えよう

　ペア会話のテーマを与え、「悪い聞き方」「よい聞き方」の順でロールプレイをする。感想を出し合い、聞き方一つで相手の気持ちが大きく変わることをイメージさせる。

❷ 「よりよい伝え方」を考えよう

　イラストなどを活用し、子どもに次のような場面を示し、そのときの気持

1章　学級を最高のチームにする赤坂真二の学級開き・授業開き　89

ちを考えさせる。

休み時間の遊びについて話している場面
Ａ：「サッカーをしようよ」
Ｂ：「サッカーなんてつまらないよ」
Ｂくんからこのように言われたＡくんはどんな気持ちだろう。

交代でロールプレイをしてみるのもよい。子どもからは「不快」というイメージの言葉が多く出てくるはずである。

　Ｂくんは，サッカーでケガをしたことがあって，それからサッカーが嫌いになったそうです。でも，この言い方ではＡくんは嫌な気分になりますね。では，どんな伝え方がよいでしょう。

このように続けることで，子どもは適切な自己主張の仕方について考える。ここで，
「自分の意見を伝えることは大切だが，そのときに相手の気持ちも考えて話すことが大事であること」
を子どもと一緒に押さえたい。
　また，同様の流れで「授業中に私語をしている友達への言葉かけ」というシーンを設定し，「責める・罰する」ことでは問題解決につながらないことを押さえるとより効果的である。

3　話し合いのルールを決める（１時間）

　「よい聞き方」「よりよい伝え方」をクラスで共有できたら，「安心して話し合いができるクラスのルール」について話し合いをして，三つ程度に絞って教室に掲示する。実際にルールが定着するまでには時間を要するが，「自

分たちで決めた」という事実があると教師が一方的に示すよりも子どもの意識は高いものである。また，教室に掲示したルールは他の場面でも活用することができる。一緒につくったルールを教師が大切にしている姿を見せること，そしてしっかりと価値づけすることでそれが少しずつ定着していく。

ここでは，そのルールづくりの手順を紹介する。

---

①椅子だけで輪になる

　輪になる前に「どんな風にできたらよいか」を尋ねる。子どもからは「静かに」「素早く」「ケガをしない」などの意見が出てくる。出てきた意見を意識して机・椅子を移動させることを伝え，子どもの様子を見守る。このときの子どもたちの姿をしっかり見取り，振り返りをさせる。

②トーキングスティックを回して意見を言う

　教師が司会・黒板記録係となって進める。子どもに役割を依頼してもよい。全員に発表のチャンスを与えるが「パス」してもいいことにする。

③「賛成意見」「心配なこと」を出し合う

　簡単な話型を示し，意見の出し方を指導するとスムーズに。

④意見を三つ程度にしぼる

⑤決まったことを確認する

⑥みんなで話し合いをした感想を交流する（振り返り）

　決まったことを掲示物にして学級に掲示しておく。私の学級では，「35人に向かって話す」・「話している人が嬉しくなる表情で聞く」・「相手の気持ちを考えて話す・聞く」の三つに決まり，1年間様々な場面で活用した。

このようにしてつくり上げたクラス会議の土台は，学級の土台となる。「クラス会議をする」のではなく，目指す学級ゴール像に向かうため，クラスを最高のチームにしていくための一つの方法として，クラス会議を活用してみてはいかがだろうか。

（蜂谷　太朗）

1章　学級を最高のチームにする赤坂真二の学級開き・授業開き

学級を自治的集団にする

自分たちで問題を解決できる集団づくり

1 なぜ自治的集団づくりか？

　「学級づくり」や「集団づくり」という言葉を知っていても，「自治的集団づくり」という言葉を聞いてピンとこない方は多いだろう。「集団づくり」に「自治的」という言葉がつくと何が変わるのであろうか。
　『大辞林』第三版（三省堂）には，「自治」について以下のように載っている。

> 自治：自分たちのことを自分たちで処理すること。

　「自治的」という言葉がつくことで，子どもたち自身で日々の生活をつくっていくことが強調される。それは子どもたちが教師から自立することを目指して集団づくりを行っていくということである。
　これは「アクティブ・ラーニング」という言葉で話題となり，2017年3月に公示された小学校学習指導要領の考え方とも合致している。学習指導要領では，育成すべき資質・能力を以下の三つの柱に沿って整理された。

> ①知識及び技能が習得されるようにすること
> ②思考力，判断力，表現力等を育成すること
> ③学びに向かう力，人間性等を涵養すること

2017年3月の改訂で，これまでよりさらに，「学びを人生や社会に生かそうとする」ことが強く求められている。それは今の子どもたちが，少子高齢化に伴う生産年齢人口の減少，社会のグローバル化，雇用環境の変化，環境問題などなど，あげるときりがないほどの解決しなければいけない未知なる問題と，これから遭遇することを想定している。そういう状況の中で，自分で考え，行動し，他者と問題解決をする力を育むことができる「自治的集団づくり」はますます重要であるといえる。

2 自治的集団づくりに必要な要素

掃除の時間の風景である。

> 学級で決めた分担に従い子どもたちが真剣に教室の掃除をしている。ある子どもが机を運んでいるとき，誤って机の中の物がすべて床に落ちてしまった。「ガッシャーン！」と大きな音が教室に響いたが，ほかの子どもたちは動じず，黙々と掃除を続けている。

上記のように子どもたちが周りで起きた出来事に動じず，自分たちで掃除に取り組むことは，すばらしいことと言える。

しかし，それが最終的な子どもたちの目指す姿とは言えない。上記のような出来事が起きたとき，近くで掃除をしていた子どもが，自分の作業をやめ，床に落ちたものを拾うことが，まず求められる。その他にも「落としてしまった友達に声をかける」「ケガがないか確認する」「自分が参加すると場が混乱することを予想して見守る」ことなどが考えられる。

最初にあげた，周りで起きた出来事に動じず，自分のやるべきことに取り組んだ子どもたちに足りないものは何であろうか。

最初にあげた子どもたちは，目の前で「問題」が起きても，これまで決められたルール通りに行動することを選んでいる。つまり，子どもたちは「思

1章 学級を最高のチームにする赤坂真二の学級開き・授業開き 93

考停止」の状態で，日々を生活しているのである。

　しかしこれからの激動の時代を生き抜くために求められているのは，決められたことをしっかりとやり遂げる力よりも，目の前の問題を解決できることである。

　そのためには，目の前で起こっている問題に対して，思考する力・判断する力を育てる必要がある。

　学級には，集団で生活するために，様々なシステムが必要である。学級開きの段階では，それを丁寧に説明し理解させ，取り組ませる必要がある。しかし，そこで終わってしまっては，ただ言われたとおりに行動する思考停止した子どもたちが育ってしまう。

　子どもたちの思考する力・判断する力を育てることを意識してそれぞれのシステムが構築されていることが重要である。

　逆のことを言えば，子どもたちが思考する場を奪うようなシステムを，教師が率先してつくっていないか，たえずチェックする必要もある。教師が便宜上４月に設定したルールを，子どもたちが素直に受け入れ，何の疑いもなくそれらのルールに従って生活する子どもたちを育てていては，問題を解決する力は育たない。日々の中でたえず「これでいいのか？」と思考し，判断しながら生活できるようなシステムが必要である。

3 問題解決する力を養う

　では学校生活において，目の前で起きている問題を解決するための思考する力・判断する力をどのように育てればよいのだろうか。

　学校生活を大きく分けると，生活場面と学習場面に分けられる。

　生活場面において，子どもたちに生活上の問題を見つけさせ，それを解決させる実践をよく見かける。しかし，生活場面だけで育てようとすると，時間が限られており，無理が生じてくる。また特定のある教科の授業で問題解決的な学習に取り組むが，その他の授業や日常生活において子どもたちが問

題を見つけても、「教師は見ないふり」ということもよくある。

　学習場面においても、生活場面においても問題を解決する力を養うことが、「学びに向かう力、人間性等の涵養」をすることにつながり、「学びを人生や社会に生かそうとする」態度を育てることになる。

　「問題解決的な学習」については、教育学者ジョン・デューイに始まり、様々なところで研究が進められている。その方法も様々で、子どもたちが問題解決をする過程をいくつにも細分化して研究されている。

　私は下の図のように「問題発見」「課題設定」「意思決定（話し合い）」「試行錯誤」「振り返り」の五つの過程に分け、授業や学級システムが機能しているか、チェックしている。

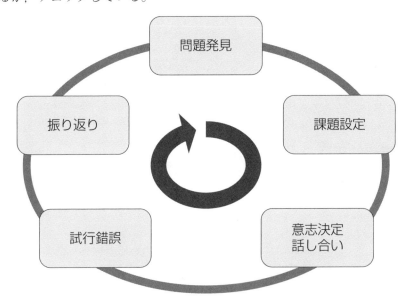

　どこかの場面でうまくいかなかったり、また時間自体を設定していなかったりする場合は、どうしたらうまくいくか検討をする。場合によっては、その検討自体を子どもに委ねてもよい。

　自治的集団づくりの第一の山場は、5月下旬〜6月にやってくる。それまで新しい学級のシステムで、それなりに我慢をしながら取り組んできた子ど

もたちも，システムの隙間をつくような問題が表面化する時期である。

　この時期に，教師が率先してシステムを修正し，問題を解決するのではなく，子どもたちと一緒にシステムを再構築することが，自治的集団づくりにおいては，とても重要である。

　子どもたちが乗り越えられないような大きな問題を解決するのではなく，子どもたちが力を合わせれば乗り越えられるような問題を一つ一つ解決していき，問題を解決する意欲を高めることが，この時期は特に大切である。

　問題を解決する過程で子どもたちは，他者の存在（長所や短所，存在そのものの尊さなど）に気づき，自己を見つめ成長していく。この作業を丁寧に繰り返し行うことで，子どもたちは「自分たちならどんな問題も解決できる」と自信をもつようになる。11月頃になると，子どもたちだけで難解な問題も次々に解決し，日常生活を意欲的に過ごすようになる。

　それは何も生活場面に限ることなく，学習場面でも顕著に表れる。授業の初めに子どもたちに問題を投げかければ，あとは自分たちだけで課題を設定し，話し合い，学習をまとめていくであろう。

4 自治的集団づくりの前提条件

　子どもたちの未来を思い浮かべ，つけるべき力を育む方法について見てきた。

　「目指す姿」や「やるべきこと」が明確になればなるほど，その方法に固執し，目の前の子どもたちを否定することにつながりやすい。

　「自治的集団づくり」という方法も万能ではない。目の前に次のような子どもたちはいないだろうか。

　・子どもたちが発言したり行動したりしたときに，それらに対して意図
　　的に傷つけるような言葉がけや行動がされないか？
　・子どもたち同士で，言語，非言語を問わず，なんらかのコミュニケー

ションが可能であるか？

・子ども自身がいけないことをしたと思ったとき，「ごめんなさい」という態度がとれるか？

・子どもたちは学級の友達と一緒にいることに，苦痛を感じていないか？

松下崇『自治的集団づくり入門』明治図書，2017

　新しい学級を担任する際，引き継ぎとして得られる様々な情報を，まずはじっくりと吟味することをお勧めする。

　その中で，前述したような子どもがいる場合，「子どもたちに委ねる」方法を丁寧に吟味する必要がある。さきほども述べたが，自治的集団づくりのスタート時に大切なのは，問題を解決するための意欲を高めることが重要である。子どもの心に癒えない傷を残すような指導方法になるようであれば，その方法は行わない方がよい。

　また，前述したような状態であっても丁寧にフォローしながら，同時並行で指導することも可能である。その際，教師が先回りしすぎると，子どもたちの問題を解決しようとする意欲は高まらないので注意が必要である。何度も言っているが，自治的集団づくりのポイントは，思考する力・判断する力を育てるところにある。教師が問題を解決しやすいように動いてしまっては，子どもたちは思考したり，判断したりすることはないだろう。

　学級開きの際，様々なシステムを子どもたちと一緒につくっていくと思う。その際，子どもたちの未来を思い浮かべ，自治的集団づくりの考え方を頭の片隅に入れながら，つくっていくことをお勧めする。

（松下　崇）

最高の授業開きネタで学級をスタートする

1年 みんなができて，みんなが楽しい国語の授業開き

　入学したばかりの1年生が楽しみにしていることの一つが，「授業」である。「授業って楽しい！　これから小学校で勉強するのが楽しみ！」子どもたちがそう思ってくれる授業開きにしたい。そのためには，「入学時にすでに大きな個人差がある」「自己表現をしたがっている子が多い」というこの時期の1年生の実態をふまえた上で，授業を組み立てる必要がある。教育出版「しょうがくこくご1上」の「みんなのなまえ（話す・聞く）」（2時間扱い）を例にして，みんなができて，みんなが楽しい国語の授業開きを提案する。

①学習活動を知り，見通しをもつ（1／2時間目）

　「みんな，いよいよこれから，初めての授業をするよ。みんなは，いろいろな保育園や幼稚園から入学してきたから，まだ知らないお友達が多いよね。そこで，クラスのお友達のことを知るために，みんなで自己紹介をしよう！」

　教師が笑顔で明るくこのように伝える。入学して間もない子どもたち。不安や緊張もある。教師が温かい雰囲気をつくり，安心感を与えることが，この時期は特に大切である。なお，「自己紹介」という言葉を初めて聞く子もいると思われるので，自己紹介とはどういう活動なのかを説明しておくとよい。

②プリントに名前と絵を書く（1／2時間目）

　「①ぼく・わたしのなまえ」「②すきなたべもの」と書かれたプリントを配る。「①に，ひらがなで自分の名前を書いてね。名前が書けたら，②に自分の好きな食べ物の絵を描いてね」と，教師も子どもたちと同じプリントを用

意し，自分の名前と好きな食べ物をお手本として書きながら，説明していく。できあがったお手本は黒板にはっておく。1年生に理解させるには，このように教師がお手本を示して視覚的に捉えさせることが効果的である。

　なお，これ以降のすべての活動にあてはまるが，全体指示だけでは活動内容を理解できない子もいる。説明したあとに，「聞きたいことがある人？」と，質問の時間を設けるとよい。また，「名前のひらがなや何の絵を描いたらよいのかわからないときは，手を挙げて先生を呼んでね。先生が教えてあげるからね」とフォローの言葉を伝え，安心感を与える。

③自己紹介の練習をする（2／2時間目）

　「じゃあ，自己紹介の練習をするよ～！」と笑顔で明るく伝える。「ぼく（わたし）のなまえは，○○○○です。すきなたべものは，△△です。これからよろしくおねがいします」。このような「話型」を黒板に書く。そして，その話型に基づいて，さきほどと同じく，まずは教師がお手本を示す。その後，「一斉読み」「追い読み」「一人読み」などで練習を行う。

④絵を見せながら自己紹介をする（2／2時間目）

　友達の発表を聞きやすくするために，発表場所である黒板の近くにイスを持ってきて，集まって座る。そして，一人ひとり，みんなにプリントを見せながら自己紹介をする。教師は発表する子の側にいて，サポートをする。教師が側にいることで，「困ったら先生が助けるよ」という安心感を与える。

⑤振り返りをする（2／2時間目）

　「みんな，自己紹介をしてみてどうだった？」と聞き，数名の子に感想を言ってもらう。「楽しかった」「おもしろかった」程度の感想かもしれないが，初めての授業を通して，みんなで楽しい学びの時間を過ごせたことを確認できれば，それで十分である。最後に，教師の思いを伝える。「みんなで楽しく自己紹介ができたね。先生も，授業をしていて，とっても楽しかったよ。これからも，授業で力を伸ばしていこうね！」

（浅野　英樹）

最高の授業開きネタで学級をスタートする

2年　みんなで楽しく，みんなができる国語の授業開き

　教科への興味関心の向上と学習への意欲喚起のため，授業開きには力が入ります。しかし，この1時間だけが特別であれば，その後の授業への意欲が急速に萎えていく懸念もあります。よって，授業開きには「意欲の持続」の視点も大切です。そのためには，教科書の内容をいかに魅力的に加工するかが肝要です。光村図書『たんぽぽ』の最初の教材「じゅんばんに　ならぼう」（話す・聞く）を例にします。教師の説明を聞き，指示通りに動くのが大枠の内容です。「興味をもって，大事なことを落とさないで聞く」ことに終始せず，「聞き合うことは他者尊重」「自分のがんばりがチームへの貢献」ということが実感できるような取り組みにしていきます。

　まずは動機づけです。「順番」という概念を確認するために，どのような場面で「順番」に並ぶかを想起させます。生活経験から，バスやスーパーのレジ，体育で背の順に並ぶなどの考えが出されます。「早いもの順」「背の低いもの順」など，何らかの条件に沿って並ぶことを「順番に並ぶ」ということを押さえます。

・（　　　　　　　）じゅん

と板書後，（　　）順にみんなで協力して並ぶことを伝えます。

　次に，場づくりをします。広い場所確保のため，机やいすを教室の端（または外）に移動させます。心配なことはないかを投げかけ，「机が重たい」「ガタガタ音が鳴ってうるさい」等の懸念事項を出させます。子どもから出ない場合は，ぬいぐるみなどに「発言」させるのも一手です。「重くて運べない人や，大きな音が嫌な人のためにできることはあるかな」と発し，解決策を話し合わせます。「僕，力持ちだから運んであげるよ」「そうっと静かに

100

持てばいいよ」などの意見を共有し，机を移動します。自力でがんばる様子，助け合う姿への承認を言葉で伝え親和的な雰囲気をつくります。

　場ができたら，いよいよ１回目のチャレンジ。ここは音声言語をもとにした活動です。教師に注目させ，黒板の（　　）を指さしながら，「誕生日順」と言います。そして，先頭が１月，最後が12月になるように円形に並ぶことを説明します。事前に，一度しか言わないからよく聞くこと，全員が揃ったらその場に座ることを話しておきます。スタートしたら，教師は手も口も出さずに見守ります。多少の混乱はあるでしょうが，「自分たちで問題解決する」経験を積ませるためです。

　２回目は，ややレベルを上げたミッションにトライさせます。音声言語を介さずに円形に並ぶことを指示し，声の代わりにジェスチャーを使うことを確認します。２年生のこの時期は，一言も話さずに活動することは難しいかもしれません。実態に応じて「大体よし」とし，「みんなでできた」ことを重要視します。その上で「なぜできたか」を考えさせると，「先生の言うことをちゃんと聞いていた」「○○さんが指で教えてくれた」「○○くんが呼んでくれた」など，自他のよさに着目することができます。

　３回目はもっとレベルアップを図ります。他の順番を考えさせるのです。グループ（生活班などを活用してもよい。人数は４，５人が活動しやすい）に分かれ，誕生日以外の「順番」の条件を探します。床にＡ３用紙を置き，真ん中に「順番」と書きます。グループで話し合い思いついたものをメモさせます。５分間ほど活動のあと，最も実施可能と思われるもの（背の順，出席番号順など）を選ばせます。決まったものは，代表の子（「一番手が大きい子」等のように，さりげなく身体接触を促す指示を出し，子どもたちの距離を近づけるなどの工夫を）が短冊に大きく書き，黒板に貼ります。短冊は全体で話し合って「難しい→簡単」の順に並べ，時間が許す限り活動します。

　最後の３分間程をリフレクションに充てます。「指示が聞けた」「集団に貢献できた」「他者承認できた」などの視点で振り返らせます。

（宇野　弘恵）

最高の授業開きネタで学級をスタートする

3年　友達との仲を一気に縮める！風船で体ほぐし運動

❶体育の授業開きは風船で

　3年生は，低学年の頃よりも周囲の目を意識するようになる。
　「うまく友達をつくれるかな」「体育は苦手だから，失敗したら恥ずかしいな」などといった不安を感じている子も少なくない。
　そこで，はじめての体育では「風船」を使った授業がオススメ。
　次の三つのステップに沿って活動を進め，少しずつ学級の空気をあたためていくようにする。
①回数たたき

> 　生活班で集まって座りましょう。今日は風船あそびをします。まずは，班で落とさずに何回たたけるか数えます。風船を配られた班から，ほかの班とぶつからないように広がって始めましょう。それでは，姿勢よく座っている班から風船を渡しますね。

　子どもたちは，「10回！　11回！」など回数を数えながら活動をし始める。教師は，クラス全員が活動に参加できているかどうか，よく確認しておくようにしたい。
②名前たたき

> 　次は名前を呼んでみましょう。「～くん！」「～さん！」というように。呼ばれた人が次の人を呼びながら風船をたたきます。落としてしまった

人がアウトです。はじめ。

４月はじめの段階だと，まだ班の人の名前を知らないことが多い。子どもたちは自己紹介し合い，友達の名前を覚えてから風船をたたき始める。

③手つなぎたたき

> 班の人と手をつないで風船をたたいてみましょう。落とさずに何回たたけるか数えます。つないでいる手や，肩，足なんかも使っていいですよ。

十分に心と体が温まっていれば，サッと手をつなぐことができる。照れてしまい活動を始められないときは「早くつながないと，回数が０のままだよ。２班はもう12回だ！すごいね！」と，楽しく誘いかけるようにする。

❷まとめ

活動を終えたら，次のようにまとめる。

> 風船を前へ持ってきましょう。さて，今日は男子も女子も関係なく，全員で仲良く楽しむことができましたね。これから１年間，楽しい毎日が過ごせそうですね。

風船遊びは，自然な流れで友達と名前を呼び合う。体が触れ合う。笑顔が生まれる。活動を通じて，子ども同士の中を一気に縮めることができる。

また，風船は運動能力の差を問題としない。だから，どの子も失敗をおそれず楽しむことができるのだ。１回目の授業でひきつけることができれば，子どもは１年間の体育の授業に期待をもつようにもなる。

風船は，子どもを「体育大好き！　クラス大好き！」にする魔法の道具である。ぜひ有効に活用しステキな授業開きに役立ててほしい。（三好　真史）

1章　学級を最高のチームにする赤坂真二の学級開き・授業開き　103

最高の授業開きネタで学級をスタートする

4年　授業開きで楽しくつかえる国語ネタ

　国語への苦手意識をもって進級してくる子どもたちに出会うことが珍しくない。国語の授業開きで，「国語は楽しい，おもしろい，またやりたい」と思わせることができたなら，4月のスタートは合格と言えるのではないだろうか。

❶「先生」の音読百面相
　黒板に板書した「先生」を次のシチュエーションに当てはめて音読させる。
　①普通に呼ぶとき
　②怒っているとき
　③先生がおっちょこちょいをしたとき
　④先生が宿題を減らしてくれたとき
　⑤先生に頼みごとがあるとき　　など
　「先生」という言葉一つでも，感情の込め方の違いで様々な音声表現を体験させることができる。朗読が苦手な子どもにも，表現しながら「読む」ことの楽しさを味わわせることができるネタである。

❷「いつ，どこで，だれが，どうした」ゲーム
　1人に1枚，紙を配り，4人グループをつくる。「いつ」「どこで」「だれが」「どうした」のお題を4人に割り振り，紙に書かせる。書き終えたあと，それぞれのグループで，でき上がった作文を読み合わせて紹介する。
　奇想天外な作文が次々と紹介され，教室は温かな笑いに包まれること間違いなしである。「書く」ことが苦手な子どもも，進んで取り組むおすすめの

ゲームである。

❸キーワードたし算

　数人のグループをつくり，教師のお題に対して，輪番でキーワードを一つずつ言っていく。その際，前の人のキーワードを足しながら，途切れるまで何週も順番に言っていく。

　（例）お題「お菓子」

　　1人目「ポッキー」

　　2人目「ポッキー，ケーキ」

　　3人目「ポッキー，ケーキ，アメ」

　学習の基本である，相手の話をよく聞こうとする態度を養うことができる。

❹漢字みつけ

　出題されたお題について，制限時間内にできるだけたくさんの答えを見つけるゲーム。お題は，次のように幅広く設定することができる。

・部首に関するもの「さんずいの漢字」（例：海　汽　漢）

・画数に関するもの「5画の漢字」（例：正　玉　母）

・「一部に『田』が入っている漢字」（例：里　横　画）

　「漢字が覚えられない」「練習が嫌」などの困り感をもった子どもたちにも，熱中して取り組ませることのできるゲームである。

　ゲームの際には，個人で考えるのもよいが，4，5人のグループで取り組ませることで，友達との仲を深めながら楽しく活動することができる。また，「クラス全体でいくつの漢字がみつけられそうかな」と投げかけることで，みんなでクラスのためにがんばって取り組むという一体感を生み出すこともできる。目標達成の際には，大きな拍手が沸き起こるであろう。

（細川　順司）

1章　学級を最高のチームにする赤坂真二の学級開き・授業開き

最高の授業開きネタで学級をスタートする

5年　持続可能な社会づくりの担い手とみつめていきたいこと

❶世界をみつめる　―持続可能な開発目標を知ろう―

　5年生の社会科では主に，○世界や日本の国土○食料生産（農業・水産業・貿易）○工業生産○情報化した社会○環境　について学んでいく。つまり，生きること，暮らしに直結する内容である。世界に目を向けてみると，様々な課題や問題に対して，国境を越えて力を合わせなければ，解決することができない。悲観的に捉えてしまうと，先行き不透明な時代の中で，このままでは，私たちの生活を取り巻く環境は，持続不可能な状況を招いてしまうかもしれない。子どもたちが「持続可能な社会づくり」を目指して，成長していくことの責務が教師にはあるのではないだろうか。社会科を通して，世の中をみつめ，自分のこととして考え続けていこうとする意識がもてるようなきっかけをつくっていきたい。

　国連では，持続可能な開発目標（Sustainable Development Goals: SDGs）を掲げ，全世界で17の目標を達成しようと取り組んでいる。（下記参照）

　まさに，地球的規模で社会的事象を捉え，自分の足元から生活を改めたり，関連させてつなげたり，新たな活動を創り出せたりする人が求められている。

> 1 貧困をなくそう　2 飢餓をゼロに　3 すべての人に健康と福祉を　4 質の高い教育をみんなに　5 ジェンダー平等を実現しよう　6 安全な水とトイレを世界中に　7 エネルギーをみんなにそしてクリーンに　8 働きがいも経済成長も　9 産業と技術革新の基盤をつくろう　10 人や国の不平等をなくそう　11 住み続けられるまちづくりを　12 つくる責任つかう責任　13 気候変動に具体的な対策を　14 海の豊かさを守ろう　15 陸の豊かさも守ろう　16 平和と公正をすべての人に　17 パートナーシップで目標を達成しよう

❷あなたはしあわせですか

現行の学習指導要領の社会科第5学年の目標では，国土に対する愛情を育てること，産業の発展や情報化の進展に関心をもつこと，考えたことを表現する力などが示されている。これらを育むためには，自分自身を大切にできること，まわりの人を大切にできることが重要である。

授業開きの実際では，「あなたは，しあわせですか」と問う。その子なりの価値観でいい。次に，「どんなときがしあわせですか。しあわせではないと答えた人は，世の中がどうなれば，しあわせですか」と問う。

さらに，「日本はしあわせですか」「世界はしあわせですか」と問い続ける。子どもの思う「しあわせ」について聞くことができる。次に，マインドマップを作成する。中心円に「社会」と書き，これまでの学習から知っていること，これから知りたいことを書かせる。教科書の目次を参考にしてもよい。一人ひとりの社会に関する概念の構造が可視化されるので，子どもの実態を捉えることができる。5分程度の短時間とし，たくさん書くことができていなくても構わない。また，「そんなこと，考えてみたこともない」という声が挙がったら，歓迎である。「これから，一緒に考えていこうね」と，一声かける。

❸最後もマインドマップ

3学期，学習の終わりにも，中心円に「社会」と書いたマインドマップを作成する。最後は様子をみながら，時間を設定する。そして，最初のマインドマップを返してみる。きっと，驚くだろう。子どもたちは，自分自身の成長を確かめることができる。「書こうとすると，書きたいことがどんどん出てきて，手が追いつかない。こんな経験は今までなかった」と言った子がいる。

1年間の学習を経て，みんなと社会をみつめてきた自分って，「ちょっと，すごいかも」と前向きに自信をもたせてみませんか。

（八長　康晴）

最高の授業開きネタで学級をスタートする

6年　学びの楽しさを味わう授業開き

❶立腰タイム（瞑想）

　4月学級開きの後，いよいよ授業を始める。いきなり教科書を開くのではなく，立腰（りつよう）タイムという時間を毎日1時間目の開始3分で行う。立腰とは簡単に言うと瞑想のことである。以下に簡単にやり方を説明する。
　①イスに浅く腰掛ける
　②両足の裏をきちんと床につける
　③軽く目をつぶり，大きく深呼吸を3回行う
　④息を吸うときに肺を大きく膨らます
　⑤吐くときには，心の中にあるストレスをすべて吐き出すつもりで吐く。
　⑥あとは自分の気持ちのよい呼吸をする。
　瞑想は今マインドフルネスといい，欧米で注目されている心を整える方法である。誰にでも簡単にでき，教えるのに特別な技量は必要でない。準備するものもなく，どんな子にとっても効果があると言える。それだけでなく，毎日瞑想に取り組むと記憶力や免疫力が上がるといった研究結果もたくさん発表されている。興味のある方は書店でマインドフルネスといった名前のついた本を探していただきたい。瞑想というと，宗教？と勘違いされがちであるが，西洋心理学でもきちんと認められた自分と向き合う方法である。その誤解を防ぐためにも立腰タイムと名付けて行う。1日わずか3分の時間を設けるだけで，授業への取り組み方が見違えるほど変わってくる。すぐに効果はでなくても，徐々にそして確実に子どもの変化が現れる。昨年度4年生で実践し4月に1時間座っていられなかった子が，3月にはとても落ち着いて

学習に取り組めるようになった。どの教科にも通用する驚くべき方法である。

❷フラッシュ暗算（算数）

　集中力アップをはかる。インターネットで「フラッシュ暗算（1桁の数字が短い時間に十個表示されるたし算）」と検索すると，サイトがいくつか表示される。それを授業開始時に3問ほど取り組んでから，授業を開始する。慣れてくると，号令やあいさつもせずに開始と同時にスタートする。すると，ノートを休み時間に準備し，すぐに取り組めるようになる。「休み時間に次の時間の準備をしなさい」と指示することなく，準備ができる子が育つ。自然と次の時間を気にして動く雰囲気をつくるのである。

❸特産品の歌（社会）

　6年生でも都道府県をすべて言える子は意外と少ない。きちんと指導されていればそれほど難しいものではないが，4年生のときには覚えていたけど，忘れてしまうということもある。そこで，都道府県と特産品を一緒に覚える特産品の歌である。簡単に説明すると「ごんべさんの赤ちゃん」のメロディーに合わせながら，「北海道・じゃがいも　青森・りんご♫岩手は（南部）せんべい　秋田はきりたんぽ♫宮城は笹かま　山形・お米♫福島・桃で東北地方」（♫のところで一小節区切り）と歌う。正確には北海道は北海道地方であるので，そこはきちんと教える。この方法は驚くほど定着率がいい。なぜなら視覚・聴覚の二つを使って覚えるので脳への定着率が高い。そして何より楽しい。社会の授業開きはこの特産品の歌が間違いなくおすすめである。その後，1時間ずつこの歌のリズムで各地方を行っていけば，都道府県＋特産品をあっという間に覚えることができる。覚えることができた！という自信がもてればしめたものである。その後，年号や歴史上の偉人に変えていくと6年の学習につながっていく。発展系としては，各自替え歌を作詞しながら，自分の好きな歌でつくってくるのも非常に面白い。

（深見　太一）

1章　学級を最高のチームにする赤坂真二の学級開き・授業開き　109

2章

90日間システムで必ず成功する
堀 裕嗣の
学級開き・授業開き

中学校

学級開きの10原理

1　3・7・30・90の法則

　読者の皆さんは「3・7・30・90の法則」をご存知だろうか。最初の3日間，最初の7日間，最初の30日間，最初の90日間のそれぞれに何をすべきか，学級をどんな状態にまで導かなければならないのか，それを目処として教えてくれる効果的な法則である。野中信行先生が提案され，私が中学校用に改良したものだ。
　私は概ね，次のように考えている。

【最初の3日間】
生徒たちとの心理的距離を縮める
　安全を脅かす事例でない限り，或いは集団の規律から著しく逸脱した事例でない限り，厳しい指導はしない。楽しく学級開きを行う。

【最初の7日間】
学級のルールを確立する
　日直・給食当番・清掃当番・席替えについて，教師主導でルールを決定する。これらについては教師の専権事項とする。生徒の意見を聞いてはいけない。しかもここで決めたルールは1年間，絶対に変更してはいけない。悪しき「ヒドゥン・カリキュラム」となる。
　日直には黒板の消し方や朝学活・帰り学活の仕方（声の大きさといった基

礎的な事柄から），当番活動ではほうきのかけ方，配膳の仕方に至るまで逐一細かく指導すること。その際，「やって見せて」「やらせて」「ほめる」を心がける。この間は，見本を見せることを旨として，教師が一緒に給食当番や清掃当番をやることもいい。

【最初の30日間】
学級のルールを定着させ，システム化する

日直・給食当番・清掃当番について，教師が徹底的にチェックして定着させる。この時期からは担任教師は決して一緒に配膳や清掃をしてはいけない。生徒たちがルールどおりに動いているかをチェックすることに専念すべきである。班・係のポスター，作成物等は，質の高いものをつくらせる。

【最初の90日間】
授業のルールを定着させ，システム化する

各教科の授業システムを確立する。教科連絡，発言の仕方，ノートの取り方，提出物の提出の仕方等々，細部まで徹底的に指導し定着させる。

　このような目処をもっているだけで学級経営は劇的に変わる。学級開きをなんとなく自己紹介から始め，なんとなく班をつくり，なんとなく日直や当番活動に取り組ませる。4月にはしっかり取り組んでいた生徒たちが，5月，6月と進むにつれて少しずつ少しずつくずれていく。さぼり出す者も出てくる。そうなってはいないか。最初が肝心！とは言うけれど，その「最初」を1週間くらいだと思っていないか。ちゃんとできるまで指導しているだろうか。私はそう問いかけたいわけだ。

　詳細は拙著『必ず成功する「学級開き」魔法の90日間システム』（資料増補版，明治図書，2017年2月）をご参照いただきたい。

2 学級開きの10原理

　学級開きには最大限の丁寧さが必要になる。スムーズに新学級に慣れさせるためにも，最低でも次の10原理を意識したい。

❶一時一事の原理

　中学校教師が最も苦手としているものにこの「一時一事」がある。一時に一つのことしか指示しない，ということだ。中学校教師は「まず〜してから〜して，それが終わった人から〜と〜をしてね」とやりがちなのだ。3年生ならこのくらいはできるはず，中学生ならこのくらいはできるはず，そう考えたくなる気持ちはわからないではない。しかし，新たな中学校生活に戸惑っている新入生はもとより，たとえ2・3年生でも特別な支援を要する生徒ととなると，こうした指示ではついていくことができないということが多々ある。一つ指示を出して，それが全員できているかを確認する。そのあとで次の指示を一つ出す。自らの言葉遣いにこうした癖をつけたいものである。

❷全体指導の原理

　当番活動の在り方や学校生活の留意点について，生徒たちは1年生なら小学校時代を，2・3年生なら前の学級でのやり方を当然だと思っている。しかし，新しい学級担任には自分なりのやり方がある。そこにずれが生じて「これはこうだよ」と担任が注意したり，或いは「先生，これはどうするんですか？」とある生徒に訊かれて「こうだよ」と説明するということがある。しかし，当番活動や学校生活のルールなど，学級での動き方に関わることは常に全員に徹底しなければならないことである。一人の生徒に訊かれたことであっても，「ああ，そういう勘違いがあり得るのだな」と全体に確認することが大切である。「あっ，これは全員に周知すべきことだ」と思ったらすぐに，「みんな聞いて〜」と全員に確認するという癖をつけたい。

❸具体作業の原理

給食当番がご飯や温食をよそう，掃除当番がほうきをかけたり雑巾がけをしたりする，テスト後に出席番号順に答案を集める……，学級担任はいろいろな作業を生徒たちに課すことになる。これも生徒たちの中にあるのは前の年のイメージである。それが新しい学級担任のイメージとずれているということはよくあることだ。これも，こうやるんだよと具体的な作業として担任がやって見せて，実際に生徒たちにやらせてみて，できていないところはチェックして，できるようになったらほめてあげて……そういう実際の具体的な作業で確認していくことが大切である。

❹定着確認の原理

「具体作業の原理」に従ってルールを確認したら，それが定着するまで見届けることが大切である。中学校教師はこれがなかなかできない。一度指導すれば生徒たちはできるようになる，と思っている。それで生徒たちができていないと，「ちゃんとこう言ったじゃないか」と生徒を責める。そういう教師が少なくない。しかし，ルールを定めて生徒たちに確認したら，それが生徒たちに定着するまで見届けることが担任教師の仕事なのである。毎日毎日給食や掃除の当番がちゃんと機能しているかをチェックする。テストの前日にテストの集め方を確認したら，ちゃんと本番でも確認したとおりにできているかをチェックする。こうした感覚をもたなくてはならない。

❺具体描写の原理

年度当初には抽象的なことを説明しなければならない場面が必ずある。校則はなぜ守らなければならないのか，そのルールを守らないとどう大変なことになるのか，そうしたことだ。これを「ルールだから守らなくてはならないんだ！」とか，「とにかく大変なことになるんだよ！」では，生徒たちも納得できない。できるだけ具体的に，目に浮かぶように描写してあげるといい。高校入試の面接場面を描写してあげるとか，かつての教え子でルールを

守らなかった子がどうなっていったかなど，具体例をエピソードで目に浮かぶようにしてあげるのだ。

❻時間指定の原理

年度当初には製作物が多い。班や係のポスター，個人目標などのさまざまな掲示物。また，さまざまに計画を立てたり班で話し合ったりといったことも少なくない。このときにも基準となるのは前の学級である。早く，粗雑にぱっぱっとやろうとする生徒たちもいれば，じっくりと時間をかけて取り組む生徒たちもいる。ここに作業終了のずれが出る。限られた学活時間が一部の生徒たちのためにどんどん浸食されていく。そうしたことがないように，常にいついつまでに完成させるように，できなければ放課後活動になるよと，時間の目処を示すことが必要だ。

❼即時対応の原理

生徒や保護者からなにかを尋ねられたり頼まれたりすることが多いのも年度当初である。小さなトラブルが起こることも少なくない。そうしたことには年度当初ほどすぐに対応しなければならない。年度当初に失った信頼は二度と回復できない……そう思うくらいがちょうどいい。

❽素行評価の原理

学級担任は一人ひとりがどんな生徒なのかをできるだけ早く把握したいと思う。そのとき，できるだけ「素」に近い状態を観察することが大切である。休み時間の様子を意図的に観察したり，ちょっとした隙間時間に「自由時間」や「おしゃべりタイム」を設けて，生徒たちに「素の状態」を意図的につくる。そうしたちょっと肩の力が抜けた状態ほど，生徒の本質というものがわかるものである。

❾一貫指導の原理

　年度当初に一度指導したことは，１年間一貫して指導し続けることが大切である。指導の基準を年度途中に頻繁に変えるべきではない。一貫指導してこそ，指導の効果もあらわれる。逆に言うと，ちょっと自信がない…という指導項目については，強く指導したり約束したりしない，ということも必要なのである。

❿同一歩調の原理

　中学校はチームで動くことを旨とする。自分の学級ばかりが突出するのは他学級に迷惑をかけかねない。やりたいことはちゃんと学年の先生方に伝え，コンセンサスを取ることが大切である。

　近年，中学校の学級開きにおいても，小学校と同様の「丁寧さ」が求められている。かつては中学校の学級担任は小学校の担任とは機能が異なるということを保護者も理解していたけれど，現在は小学校担任のように一人ひとりに細かな配慮が求められ，小さなことでも保護者への連絡・報告が必要とされる。生徒たちを集団として見るばかりでなく，一人ひとりの「個」に対応しなくてはならなくなった。具体的には，「事が起こってからの指導」ばかりでなく，「事が起こる前の何らかの働きかけ」があったか否かが問題となるようになったわけだ。特に普通にやっていれば手のかからない，「普通の子」「おとなしめの子」への配慮が格段に必要とされるようになった。中学校教師はまだまだここが弱い傾向がある。

　「学級開き」というよりも，年度当初の２〜３ヶ月程度においては，自分のできる最大限の丁寧さによって，自分が思いつく限りの配慮を施す，そうした姿勢で臨まなければならない時代になった。最後にこのことを強調しておきたい。詳細は拙著『学級経営10の原理・100の原則』（学事出版，2011年３月）をご参照いただければ幸いである。

（堀　裕嗣）

最初の3日間　学級開き10原理を意識する

余裕のある対応で生徒たちとの心理的距離を縮める

1 心理的距離を縮めるということ

　最初の3日間において，最も大切なことは，生徒との心理的距離を縮めることである。新しい学級に不安を抱いている生徒は少なくない。「中一ギャップ」という言葉は誰にでも聞き覚えのある言葉になってしまったし，どこのクラスにも一人や二人，不登校生徒がいる時代である。この点を意識せずに生徒と接することは，もはや許されない状況である。
　また，この3日間で生徒が担任に対してマイナスイメージをもたないことも大切である。生徒にとって担任がどのような対象かということは，どんな指導をするかということよりも重要である。つまり，教師としての在り方がとても重要なのだ。学級開きの10原理には，こういった理念が背景にある。
　例えば，いくつかの原理は，結果的に効率化を図り余剰時間を確保することにつながるだろう。そうすることで，なんらかの予期せぬアクシデントが起こった場合でも，柔軟に対応することが可能になる。
　そのような視点をもちながら，この10原理を活用し，生徒の前に余裕をもって立つ準備が必要である。たしかに，最初の3日間は激務の3日間でもある。しかし，そうであっても然るべき準備をし，余裕をもちながら笑顔で生徒の前に立つ。余裕があるからこそ，手をこまねいている生徒に気づき，手を差し伸べることができるものである。心理的距離を縮めるということは，ただ単に生徒に親しみやすいキャラクターを演じればいいというものではない。学級の生徒一人ひとりに配慮することで安心感を与え，それが教師への

信頼へとつながるものである。

2 一時一事の原理

　新入生を担当する場合であっても，そうでない場合も，初日は入学式や始業式などの儀式的行事と短時間の学活で終わってしまうことがほとんどである。その際，大事なことは，短い時間で確実に指導事項を生徒に伝えることである。

　例えば，新学期初日は今日配って，明日回収するといった類の配布物がある。この手の配布物には，特に配慮が必要だ。一時一事の原理に基づいて分けるべき作業は次のようになる。

・プリントを配付する。（一枚ずつ）

・赤ペンを出させる。

・線を引いて強調すべき場所を示す。（提出締切日や納入金額など）

・線を引かせる，またはメモをさせる。

・隣の生徒と線を引いた場所やメモがあっているかどうか確認させる。

　ここまでの作業を一つずつ行う。決して，初めに手順をすべて説明し，一気にやらせてはならない。中学生であっても緊張で指示を聞き逃してしまう生徒，注意力が散漫な生徒がいる。そういった生徒，またはそういった心理状況においても，しっかりと確認し，翌日以降の忘れ物が少なくなるような手立てが必要である。このような生徒に対する細やかな配慮が生徒との心理的距離を縮めることにつながる。

3 全体指導の原理

　始業2日目以降は学活の時間が比較的潤沢に配置され，学校生活での留意

2章　90日間システムで必ず成功する堀　裕嗣の学級開き・授業開き　119

事項や，日直など当番活動の行い方について指導していくことになる。

　これらのルールを定着させることは，今後の学級運営において重要な要素である。そのため，個人の解釈の違いや，聞き間違いなどによって生まれる誤差は，できるだけ排除しなければならない。そうでなければ，「僕はこう教わった」「先生はこう言っていた」という発言が飛び交い，次第にルールは形骸化してしまう。

　例えば，黒板の消し方や職員室の入室作法など，些細なことと思われるようなことであっても，クラス全員が会した場で指導することが望ましい。変更点や修正点，補足などについても同様である。

4 具体作業の原理

　ここでいう具体作業の具体とは，どの程度ことを指しているのか。例えば，テストを回収する際は次のようになる。

---

①一番後ろの席の生徒が，出席番号の若いものが上になるよう，向きを揃えて回収する。
②列の先頭まで来たら，出席番号の最後のものに渡す。
③出席番号の最後のものは列ごとの順番を確認し，すべてまとめて試験監督に渡す。

　こういったことを一度全員で白紙を使って，行うことが大切だ。一度行ってみることで，勘違いをしている生徒や，教師が予期していなかった問題に気づくことがある。

5 定着確認の原理

　ここまでくれば，多くの指導事項が最初の３日間だけで定着を図れるもの

ではないことは，おわかりいただけるだろう。しかし，この３日間は担任が多くの時間を学級の生徒とともに過ごす３日間でもある。その視点をもって力を入れて指導できる日であることも間違いない。生徒にとっても，早めに間違いを指摘された方が，軌道修正しやすいものである。

6 具体描写の原理

「廊下を走ってはいけない」
「中学生らしい服装をしなければいけない」
どちらもごく一般的な留意点である。しかし，そのことを伝えただけで，高い指導効果を得られるものではない。
例えば廊下指導の場合，過去に松葉杖や車椅子を使用して，学校生活を送っていた生徒の話や，あるいは，一見するとわからないが骨折しやすい生徒が在籍していたときの話をする。また服装指導では，過去の受験において面接試験を行った高校から問い合わせを受けたときの話などをする。
そうした具体例を示すことで，生徒はより明確にその指導内容の意味を理解し，納得しやすくなるはずである。

7 時間指定の原理

中学校生活を送る上で，時間を守るという指導事項は，上位の指導事項である。しかし，教科担任制ではない小学校では，この点が優先されないことがしばしばある。ゆえに，特に新１年生においては力を入れて指導しなければならない内容である。
この時期には学活も多く，その中で作業をする時間，話し合いをする時間というものが少なからずある。その際，必ず時間の提示を行い，時間内に作業を終わらせることが重要だ。そのためには，教師がすぐに作業を始められる準備をしっかりとしておく必要がある。それとともに，活動に要する時間

2章　90日間システムで必ず成功する堀　裕嗣の学級開き・授業開き　121

を適切に見立てて指示しなければならない。

8 即時対応の原理

　名札の発注，教科書紛失による再購入の手続き，保護者から相談依頼を受けての電話連絡などなど。イレギュラーな事柄は，何よりも優先して対応する必要がある。なぜなら，普段ならする必要のないこの手のことはどうしても失念しやすいからである。

　名札発注など担当者がいる場合は，とりあえず，メモでも構わないのでその旨をできるだけ早く伝える。そうすることで，失念してしまうリスクを軽減することができる。

　こういったことが原因で起こるトラブルは，普段顔を合わせることの少ない保護者の印象を悪くし，余計なクレームを受けることにも繋がりかねない。

9 素行評価の原理

　配布資料を配る。自己紹介を行う。委員を決める。年度当初に行うことは，しっかりと準備をし，効率よく指導することで，予定していたよりも早めに終わることがある。

　そのときこそ，生徒観察のチャンスである。5分や10分程度の時間であれば，思い切って「自由時間」を与え，教室の中でのみ，立ち歩いてもいいと伝える。

　それまでは様子見をしていたり，緊張で猫をかぶっていたりした生徒も，次第に普段の様子に近い状態を見せるものである。

　例えば，

・一番初めに立ち歩く
・周囲にはばからず大声でしゃべる

- ・面識のない生徒に話しかけている
- ・一人で読書している
- ・友人に粗暴な言動をしている
- ・担任に話しかけてくる

などの行動が窺えると，短い時間で効果的な生徒観察を行うことができる。

10 一貫指導の原理

指導に一貫性がない。それが指導上，マイナスに働くことなど，誰もが認識していることである。ゆえに，誰もが避けたいはずなのだが……。

年度当初，気を付けなければならないのは，必要以上に力を入れすぎることである。できもしないルールや取り組みを掲げることは，自らの首を絞めてしまうことにもなりかねない。

11 同一歩調の原理

新学期は生徒だけではなく，教師もやる気に満ち溢れているものである。しかし，そのことが原因で周囲に迷惑をかけてしまうことも少なくない。

新人教員ならまだしも，あなたがある程度の年数を経験しているのであれば周囲への配慮も必要である。中学校は，学年や学校というチームとしての概念が欠かせない。自分の学級に有益と思って取り組んだ結果，隣の学級運営の足を引っ張るということは珍しくない。

また，常に100％の力を発揮していては，何か有事があったときに対応できなくなってしまう。慌てず，力まず，自然体でいる。余裕があるとはそういうことである。そういった教師の在り方が生徒に与える影響は少なくない。

（渡部　陽介）

最初の7日間　学級のシステムを確立する

規律を求める姿勢を示す

1 規律の重要性

　生徒に規律を教えることは中学校の大きな役割の一つである。校内暴力や学級崩壊の発端を辿っていくと規律の乱れが少なからず関わっているものだ。生徒が規律の重要性を理解することができれば，多くのトラブルやいじめ，ルール違反などを未然に防ぐことができるだろう。しかし，そのためには教師自身が規律の重要性を理解し，生徒に示していく必要がある。特に最初の7日間が勝負だ。この7日間を重要な時期と捉え，教師がいかに生徒に規律の重要性をすり込めるかが，その後の学級経営を大きく左右するのだ。

2 学級開きから

　規律を保つためには年度初めの学級開きの中で規律の意義や重要性を生徒に示すことが大事だ。最初に提示された方が生徒も規律を意識するようになる。その後，担任は生徒が規律を守っているかを入念にチェックし，規律を理解したかどうかを見極める。勘違いしている生徒がいたら再度教え直す。年度初めにこの作業を繰り返すことで規律をより浸透させることができる。

3 機会を逃さない

　いくら事前に指導していても規律は破られてしまうものだ。しかし，ここ

で重要なのは指導の機会を逃さないことだ。例えば，スカート丈の指導。丈を短くした日に教師が声をかけることができなければ，その生徒は，「ばれなかった」と思い，さらに丈を短くしていくだろう。時間がたってから注意されてもその生徒にしてみれば「何を今更」という気持ちになり，教師に対する反発心も生まれるかもしれない。もし早い段階で注意していれば，「やっぱりダメか」という諦めの気持ちをもつことができるだろう。それに加え，学校は規律を重んじるところだという印象を与えることもできるだろう。

4 指導ラインの統一

　生徒を指導する上で大切なのは，教師側の指導ラインが統一されていることだ。これができていない中学校は生徒指導がスムーズにいかなかったり，余計なトラブルに見舞われたりすることが多いのだ。以前，私が担任していた学級の生徒が髪の毛を染めてきたとき，その生徒を教室には入れず，自宅で黒染めするように帰宅させたことがあった。

　しかし，その後父親からクレームの電話が来たのだ。「何でうちの子は帰されて，○○君（一緒に髪を染めてきた上の学年の生徒）は普通に教室に入っているんだ」という内容だった。このときは学年間の連携がなく，それぞれで指導をしていたので対応の仕方が異なってしまっていたのだ。これでは父親からクレームが来ても不思議ではない。こういったことを避けるためには年度の最初に，教師全員で指導のラインや対応の仕方を具体的に確認することが重要なのである。

5 規律をチェックする場面を設定する

　入学してきた生徒に，「中学校は小学校よりも規律を重んじる場所である」ということを示すためには意図的に規律やルールをチェックする場面を設定すると効果的だ。

2章　90日間システムで必ず成功する堀　裕嗣の学級開き・授業開き

❶集会前の服装点検

　これは集会を行うたびに教師が生徒の身だしなみを点検するというものである。この作業によって生徒の身だしなみへの意識を高めることができる。さらに，点検は整然とした雰囲気で行うので，集会へ臨む姿勢自体もよくなるのだ。また，これを年度の最初の集会から継続して行うことで，生徒にとって身だしなみを整えることやチェックされることが当たり前になる。そうなれば，集会時だけでなく，日常的にも身だしなみへの意識が高くなるのだ。

❷職員室への入室マナー

　生徒が職員室に入るときの礼儀やマナーの指導は校内の規律を保つためには有効な手立てである。ノックをして「失礼します。○年○組の○○です。日直の仕事で来ました。○○先生いらっしゃいますか」などと言い，用件をすませる。中学生にとっては簡単にできることだ。これをさせることで，教師と生徒との間に明確な一線が引かれ，自然と礼儀正しい行動を心がけるようになるのだ。

❸班点検

　教師が規律やルールをチェックするのも大切だが，生徒同士でチェックし合う方法も効果的だ。朝学活のときなどに班の生活係や総務係が自分の班員の身だしなみをチェックするというものだ。チェックする生徒に責任をもたせることで自分たちの力で規律を保とうとする意識が芽生え，自治意識が高まるのだ。

6　毅然とした姿勢

　規律違反を指導するときは毅然とした態度で注意をすることが重要だ。生徒の「このくらいいいだろう」，「ばれなければいいだろう」という甘い考えを排除するには言い訳や妥協を一切許さない毅然とした指導が効果的だ。情

に流されて優しく指導してしまうと，生徒の規律に対する意識が低くなり，結果的に規律が乱れてしまうのだ。かといって常に毅然とした態度でいると生徒も教師も息が詰まる。ある一定のラインを超えた瞬間に真剣な雰囲気を出すのが効果的だ。メリハリをつけることで生徒にとってもわかりやすくなるのだ。

7 教師のための規律ではない

　ある日の授業の冒頭5分間。教師が昨日のテレビ番組の話題に触れ，談笑するゆるい雰囲気。生徒も楽しそうに教師の話に耳を傾ける。しかし，翌日の授業で生徒が再びテレビ番組の話をしようと教師に質問すると，私語をするなと教師が怒り出す。果たしてこの授業の冒頭5分間の規律はどうなっているのだろう。

　教師の言っていることや，やっていることがコロコロ変わってしまうと生徒は困惑し，何を信じていいかわからなくなる。そしていつも教師の顔色を窺うようになり，教師＝規律になってしまう。規律とは本来皆が過ごしやすくなるためにあるものだ。決して教師だけが過ごしやすくなるためにあるわけではないのだ。

8 安心・安全な生活のための規律

　もしも登校したときに靴箱に上靴がなかったら……。もしも廊下を走り回る生徒がいたら……。こんな学校では安心して生活することはできないだろう。集団生活の中で誰かがルールを破ったり，自己中心的な行動をとったりすると，たちまち皆の安心や安全が脅かされてしまうのだ。規律というのはそこに生活する人の安心や安全を確保する上でなくてはならないものである。教師はそういった視点に立ち，生徒に指導していくことが重要なのだ。

（高村　克徳）

最初の7日間　学級のシステムを確立する

システム1
日直を機能させる

1 日直の体験を活用する

　日直は，学級経営の中に必ず組み込まれているシステムの一つである。だが，「日直が好きだ」という生徒の声をあまり聞いたことがない。日直の日は仕事が増え，慣れない体験もしなければならないのだから好きになれるはずもない。

　日直での体験は人前で話をする，周りに気を配る，決まった仕事は責任をもって取り組むなど多岐にわたる。当番制で避けて通れないことから，公平に体験することが可能だ。これらの体験はその後の学校生活に大きく結びついている。新しい学級に安心感をつくるためにも，学級開きの早い段階で日直のシステムを指導し確立することが必要だ。

2 システムの統一と選択

　最近は日直のシステムを学校や学年で統一している学校も多い。利点は進級後，学級担任が替わっても生徒がシステムに迷うことが少ない点である。しかし，難点は学級担任独自の内容を盛り込みにくいことである。

　そこで学級担任の思いを尊重し，目的別でシステムを選択することが必要となってくる。どちらが取り組みやすいかという視点も大切だが，生徒の体験内容やつけさせたい力に重きを置き，学校や学年で選択したい。

　具体的な例としては，1週間班で日直を行うシステムと，二人一組，1日

で日直が交代するシステムがある。

❶仕事分担の違い

　班体制の日直は，多数で仕事分担を行うことになる。5日間ですべての仕事を体験できるように仕事を分担する。仕事の種類は5つにし，5名以上の班は司会を分けるなど，人数で調整する方がよい。

　二人一組の場合は，「司会」「記録」「教室管理」を必ず体験できるように三分野を一セットにする。1日でどの分野も体験できるような分担表を作成するといい。例えば，朝の会と帰りの会の司会者を分担するなどである。

　どちらのシステムにも共通する点は，様々な体験をさせるために仕事分担表でローテーションを組み，学級生徒全員に同じ体験をさせることだ。

❷分担表

　生徒に同じ体験をさせることがねらいなのだから，ローテーションを組むための仕事の分担表を軽く見ることはできない。

　分担表は学級全員が見られて確認できる場所に貼ることを理想とする。理由は，例えば黒板消しを忘れていても，学級の生徒が声かけをすることができる。日直同士で声をかけることも大切だが，やり直しの制度や責任感からきつい言い回しになることも考えられる。しかし，学級からなら「忘れてるよ」など柔らかい声かけが期待できる。

　どちらのシステムも分担表に名前を書き込めるようにすると，1日の自分の仕事が具体的に見えていい。ホワイトボードや黒板を活用するのもいいが，プリントに書き込み，班体制の場合は1週間，二人一組の場合は毎日掲示し更新していく方法もある。どちらも担当の仕事が完了したら，自分で項目ごとに〇をつける欄があるとやりきった感も生まれる。

　分担と書き込みは朝のうちに日直自身が行い，学級開き当初は担任が声かけと点検を行いシステムの定着を図る必要がある。

　さらにどちらのシステムでも日直の点検者をつくるとよい。仕事を行えた

かを担任のいない時間も把握することができる。また，次の日直が点検者であれば明日の日直を忘れることが少なくなる利点もある。

❸ねらいの違い

違う点として，生徒につけさせたい力やねらいがあげられる。

班体制のシステムは，班内のつながりをつくりやすい。点検ややり直しの制度があれば団結力やコミュニケーションも生まれる。また，学級の中で日直の仕事を苦手とする生徒がいる場合は，班の中でフォローすることができる。二人一組のシステムは担任が仕事内容の指導がしやすい。細かいところまで確認でき，声をかけることができる。また，頼る人が少ない分，責任感をもって活動することができる。特にやり直しの制度がある場合は密に声をかけ合うことが期待でき，コミュニケーションのきっかけをつくることができる。

どちらのシステムが正しいといったものではない。しかし，学級担任の思いや学年の構成を考慮し選択することで，日直の取り組みが学級経営に結びついてくる。ここは，ねらいをもって選択することが大切である。

3 システムを理解させる

「全体指導の原理」から，日直の仕事内容や約束事は学級の全体指導で行う。日誌や短学活の司会シナリオは，プリントを作成し全体に配り説明をする。説明する際は，日程と照らし合わせて具体的に，どの時間に仕事があるのか理解させるよう心がける。

このときに注意したいのは，プリントを読み上げるだけではイメージがしにくいということだ。説明の中で，担任が実際に動いたりやってみせたりすることも大切である。特に司会の方法は，実際にやってみせる方法がよい。

全体指導の際，出た質問は必ず全体に返し共通のものとする。そうすることにより，生徒全体が共通した認識をもち，互いに声をかけあったり，確認

し合ったりする環境をつくることができる。さらに，仕事内容の意味や必要性も指導する。「○○をしてもらったら助かるよね」と具体的な例を挙げ説明し，日直が必要な仕事として意識させる。

4 日直のイメージを改善する

　日直に対し良いイメージをもった生徒は良いが，必ずしもそうとは限らない。そこで，「日直もなかなか楽しい」という体験やイメージを生徒にもたせることも大切である。日直の体験が後の学級経営に結びつくようイメージを改善し，意欲的に取り組む環境をつくることを心がける。

❶日直への声かけ

　はじめは日直に対し，細かい個別指導や先を見越した声かけが必要である。その中で大切にしたいことは，「できたらほめる」「できなければ一緒にやる」ということだ。また，感謝の言葉をかけることも大切だ。日直の仕事の中には，嫌いな仕事もあるだろう。その思いを受け止め声をかけることは大切なことだ。担任にほめられ，さらに日直点検者から「お疲れさま」「今日，黒板きれいだったね」など声をかけられれば，前向きに活動できるのではないだろうか。もちろん，仕事のできによっては指導も必要である。責任感を育てることも，忘れてはいけない。

❷日誌の作成

　日誌の内容は細かすぎてはいけない。１日の出来事を正確に記録することも大切だが，会話のきっかけになるように，遊び心をもった内容が望ましい。時折おもしろい内容を学級通信などに取り上げ，生徒に関心をもたせることも大切だ。

　教師側の目標として，生徒が日直を楽しみ，意欲をもって取り組む活動を目指したいものである。　　　　　　　　　　　　　　　　　（長尾　由佳）

最初の7日間　学級のシステムを確立する

システム2
給食の公平性・効率性を確保する

1　みんなで楽しい給食時間を

　教師生活4年目の昨年度，副担任を経験した。担任のときは，自分のクラスの給食準備しか見ることができなかったのだが，初めていろいろなクラスの給食時間の様子を見ることができた。準備がなかなか始まらない学級，準備がテキパキ進む学級，誰が当番なのかわからない学級など，給食時間ひとつとっても学級のカラーが現れる。

　望ましい給食時間とは何か。答えは，一つではないだろう。ただし，「みんなで楽しく給食を食べる」ということだけは共通の目標であってほしい。

　この目標を達成するためには，給食準備を効率的に行うこと，おかわりや当番のシステムが生徒にとって公平であることが求められる。

　給食準備を効率的に短時間で行うことは，ゆとりある食事時間を確保することにつながる。ゆとりある食事時間があれば，生徒たちは，楽しく会話しながらゆっくりと給食を食べることができ，おかわりの時間にも余裕が生まれるだろう。

　また，おかわりや当番活動のシステムを公平に運営することは，生徒たちの心に安心感と幸福感をもたらすことにつながる。おかわりの盛り付け量に偏りがなく，おかわりの方法が平等であり，給食当番の仕事量に偏りがない。このような給食時間をつくりだすことができれば，生徒は安心して給食時間を過ごせるだろう。

　逆に，上述のどれか一つでも乱れたとき，給食時間は，生徒たちにとって

ストレスの溜まる時間になってしまう。そんな時間にしないためにも，担任は，給食準備やおかわりの方法等を十分に考え，生徒たちに粘り強く指導していく必要がある。その場での思いつきの指導では，あとあと大きな破綻が訪れることになる。

2 給食準備をスムーズに

年度最初の給食時間に担任がどのような姿勢で臨むかで，1年間の給食時間の是非が決まる。給食については，次の点を最低限意識させる必要がある。

❶給食当番の仕事手順の明確化

「○○くんは盛り付け係，△△さんは給食を配る係……」のような大雑把な役割分担では，生徒たちは自分の仕事が終わったら何をすればいいかがわからない。したがって，仕事が終わった生徒からどんどん遊び始め，給食準備完了時間が遅れていくことになる。

この状態を避け，効率的に給食を準備するためには，盛り付け担当の生徒は盛り付け終了後何をするのか，片付けの際には何をするのか等を時系列で示す必要がある。例えば，盛り付け担当の生徒は「（給食準備）配膳準備→盛り付け→食器かご整頓→（後片付け）食器等の後始末→ワゴン積み」，給食配り担当の生徒は「（給食準備）お盆用意→配る→お盆片付け→（後片付け）ワゴン整頓→ワゴン積み込み→ワゴン下げ」のようにすると生徒たちの準備はスムーズになる。

これらの早期定着を支援する方法として，当番の役割と仕事手順を明示した「給食当番表」を掲示する方法がある。この当番表の各役割の位置に氏名マグネットを貼りつけるとより効果的だ。このような工夫で生徒は，いつでも自分の仕事を確認できるようになる。

中学校1年生の場合は，仕事内容や手順を覚えるために多少時間を要するが，一度定着すると準備時間が大幅に短縮される。担任は心にゆとりをもっ

て，粘り強く指導することが大切である。

❷効率のいい丁寧な配膳

　給食の配膳方法は，地域によって異なる。ここでは，当番が盛り付け，給食配りのすべてを行う場合を考えていく。

　給食時間は，班ごと，もしくは列ごとでグループをつくる場合が多い。このような場合，配膳を素早く行うためには，当番生徒だけでなく，当番以外の生徒全員の協力が必要不可欠だ。

　例えば，給食準備の時間になったら，当番以外は素早く手洗いをすませ着席する。その後，配り係が4列目，3列目の先頭の生徒の机に食器等を置いていく。このとき配膳台から遠い列から優先的に配っていくことがポイントである。

　配り係から，食器等を受け取った生徒は，隣の生徒にバケツリレーの原理でどんどん手渡していく。2列目と1列目に関しては，配膳台に近いため，盛り付け係が直接手渡しするといい。

　列ごとで給食を食べる場合の給食準備の注意点は，給食当番が頻繁に利用する動線を広く開けておくことである。この動線が狭いと配り係の移動に時間がかかってしまう。下図のような配置の場合，各列と配膳台・教卓の間を広めにとると，準備がスムーズに行われる。

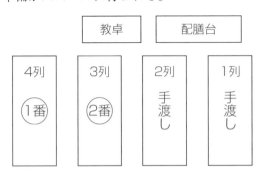

図：列ごとで給食を食べる場合の配膳方法

（参考：堀裕嗣『必ず成功する「学級開き」魔法の90日間システム』明治図書，2012）

3 公平なおかわりシステム

　おかわりは，生徒たちが楽しみにしているイベントの一つであるが，その方法を一歩間違うとトラブルに発展する。どのようなおかわりのシステムが，生徒たちにとって公平なのだろうか。

❶早い者勝ちの雰囲気をなくす

　カレーのおかわりの場合，列の最初に並んだ生徒の方が，後ろの生徒よりも多く盛り付ける。列の最後の方に並んだ生徒は，残り少ないご飯とカレーのルーを我慢する（最悪の場合おかわりができない）。

　このようなことが，時折起こり，最悪の場合大きなトラブルに発展する。担任が，生徒に「全員がおかわりできるように考えるんだぞ」と言ったとしても，この指導はなかなか通らない。

　おかわりの量を均等にするためには，盛り付け量に加減が必要なものについて，担任がバランスよく盛り付けてあげるとよいだろう。また，「おかわりは一人１品目のみ」「おかわりはいただきますから10分後」などのルールを設けることで，早い者勝ちの雰囲気をなくすことができる。

❷おかわりをしたくてもできない生徒に配慮する

　担任が「おかわりしたい人」と呼びかける。数人の生徒が，配膳台へとやってくる。しかし，学級の中には，おかわりをしたくても「おかわりしたい」と言う自己主張をできない生徒もいる。

　そんな生徒のために，たまには担任が汁物や野菜類を配って歩くのもいい。生徒一人ひとりに「食べるか？」と声をかけながら配膳していく。すると，自己主張できなかった生徒も，「先生食べます」と言って笑顔で食器を差し出してくる。このような姿を見ると，「よりよいおかわり方法を考えなくては」と思ってしまう。

（新里　和也）

最初の7日間　学級のシステムを確立する

システム3
清掃活動の公平性を徹底する

　清掃活動には担任や学校によって様々な意味づけがなされ，それに合ったシステムが構築されている。リーダーの育成にこだわったやり方もあれば，「自問清掃」のように生徒の自主性・自律性や気づきを重視する指導もある。ここで述べる公平性を徹底する指導の場合，**公平な分担**と**公平なチェック**が鍵になると考える。

1 公平な分担をつくる

　逆説的に考えてみよう。公平でない清掃活動とはどんな活動であろうか。毎日水拭きなどの重労働は女子の仕事。一部生徒は連日おしゃべりに興じ，アリバイづくりでときどき思い出したかのようにほうきを動かす。注意すると「やってます」と逆ギレ……。これではせっかくの清掃活動が学級を悪化させる時間となってしまう。反対に，清掃活動が公平に運営されていれば，他の場面でも生徒が安心して活動していけることにつながるのである。
　公平性には3種類ある。日々の仕事量の公平性，仕事担当の公平性，ローテーションの公平性である。この三つがきちんと守られると，生徒にとって安心できる「公平な清掃活動」になるのである。

❶日々の分担の公平性
　忙しい春休みではあるが，まずは担当場所とそれぞれに割り当てられる生徒の人数を確認しておきたい（班編制にも関わるので学年の確認が必要）。そして清掃の流れを綿密にシュミレーションしておく。**どの分担も休みなく**

動け，ちょうど同じくらいに仕事が終わる分担にするのである。清掃担当の分掌の発信により，全学級でやり方が統一されていることが「同一歩調の原則」から言っても望ましいが，せめて学年内だけでも統一しておきたい。

例えば右上の図は本校の玄関であるが，ここに1班6人で3班。18人の生徒が割り当てられている。読者の皆さんならばどのような分担を考えるであろうか。

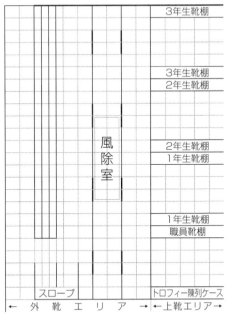

右下図が私の考えた分担である。

①〜⑥は雑巾水拭き班。まずは水をくんできて⑦〜⑨の区域に水をまき，その後自分の区域を水拭きする。

⑦〜⑫はデッキブラシ班。特に⑦〜⑨が，靴の泥汚れ等で毎日かなり汚れている。中の水拭き班がまいてくれた水で足りないときはじょうろを使って水をまき，ブラシでこする。

⑬〜⑱は職員玄関＋外の清掃。⑬⑭は，⑮の区域に水をまいてから自分の区域を水拭き。⑮⑯はデッキブラシ。⑰，⑱は竹箒で掃き掃除。春休みにチェックした際にはデッキブラシが2本しかなく，バケツも1個。すぐに清掃担当者にお願いしてバケ

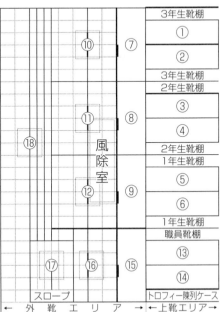

2章 90日間システムで必ず成功する堀 裕嗣の学級開き・授業開き 137

ツを4個，デッキブラシを8本揃えた。校務補さんにお願いしてデッキブラシをかけるフックも取り付けてもらったのである。

❷仕事担当の公平性

　効率性だけを求めるのならば，日々同じ生徒が同じ仕事を担当すればいい。その仕事に熟達するわけで，早く，きれいな掃除ができるかもしれない。しかしどんなによく考えられた分担でも負担の軽重があり，それが不満へとつながりやすい。同じ担当は2日続けてさせず，1日ごとに次の担当へとずれていく形をとるのである。

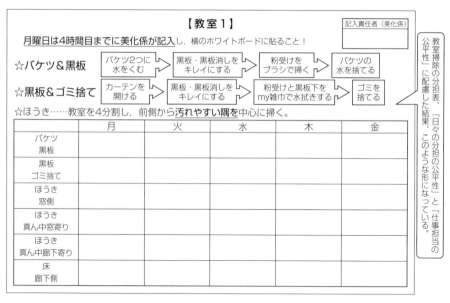

　1週ごとに各班の担当する清掃区域を変えることが多いと思うが，これでは公平性に欠ける場合が出てくる。例えば，一番清掃に手間がかかる教室掃除をある班は5日間やったが，別の班は休日等の関係で3日間で終わったということが起きてくる。これで公平と言えるだろうか？　様々な兼ね合いで難しい場合もあるが，「清掃の公平性」にこだわるのであれば，清掃担当を一回りしたら次の清掃区域へ変更するような形をとりたい。

2 公平なチェック

公平な分担をつくっても，公平なチェックがなければ機能しない（「定着確認の原理」）。だんだんダレてしまうのが人間の性。だからこそ担当者によるチェックが大切になってくる。

❶教師は清掃をやるべきか

「率先垂範」の意識で教師が一生懸命清掃に取り組む姿勢を見せ，感化させていくのが有効な場合もあるだろう。しかし，やはり教師が動いてしまうと視野が狭くなり，チェックが甘くなる。「公平性を徹底」という視点に立った場合，担当教師はチェックマンに徹するのが望ましい。

山本五十六の言葉「やってみせ　言って聞かせて　させてみて　ほめてやらねば　人は動かじ」にあるように，学級立ち上げ後は「やってみせる」ことも必要であろう。ただいつまでも動いていては十分にほめることもできないため，徐々に見守り，チェックするようにシフトしていくのである。

❷人ではなく結果で判断

私の勤務校では担任が2～3の区域の担当となっており，教室以外の区域は最後の確認ぐらいしかできないこともある。そんなときには分担表を見ずに汚れ具合のみチェックしてやり直しを命じるようにしている。分担表を先に見てしまうと，それによるバイアスが掛かってのチェックになってしまうからである。**人ではなく結果で判断する**ことが公平なチェックだと考えている。なかなかヤンチャな生徒も学級にいたが，このチェック方法であれば，不思議なほど素直にやり直しに応じていた。

（河内　大）

最初の7日間　学級のシステムを確立する

システム4
最初の行事を念頭においた班づくり

1 学校での班と行事での班

　班づくりはその後の席替えや係活動ともつながる，生徒たちにとっては重大な関心事である。私の勤務地である北海道は5月中旬〜下旬に旅行的行事が組み込まれており，必然的にそれを見越した班づくりを行うこととなるが，行事のことのみを考えて班づくりをしてはいけない。感情にしこりが残る班編成であっても，行事という「場」や「空気」で切りぬけてしまう場合があり，その後面倒なことも起こりうる。行事は日常の延長線上にあるものとして，日頃の学校生活に軸足を置いた班づくりをめざしたいものである。

2 準備委員会設立

　重視するべきは「みんな（できれば全員）が納得できる班づくり」であり，それを担保するシステムをつくって班づくりを進めることだ。それはジャンケンやくじ引きでは実現不可能であり，教師が見守りながらリーダー生徒に考えさせ，話し合わせて具現化していく。そこで「準備委員会」というものを立ち上げ，委員と担任が一緒になって班づくりを進めていくことにした。

3 委員選出

　生徒の人間性や人間関係・力関係は，教師よりも生徒の方が正しく理解し

ているものである。そこで委員は純粋に投票で選出し，人数は班の数と同じにする。その際，準備委員は別々の班になること，私利私欲を捨てて学級のために尽力すること，そして学級に対しては「クラス全体に関わることを決めるのだから信頼できる人を選ばないとみんなが困ることになる」と念を押す。

　1年生の場合は出身小学校毎に，2・3年生の場合は前年度の所属学級毎に選出する。特に1年生で大規模校と小規模校のそれぞれから進学してきている場合，条件を付けないで投票・選出すると大規模校出身者ばかりが選出されてしまい「数の力」がまかり通ってしまうことになる。

4 準備委員による班づくり

　実際には準備委員の仕事は学級組織づくりの全権を担い，係・当番がスムーズに運用されるまで続くのだが，まずは班づくりについて詳述する。

❶班づくりの原案作成

　まず担任が班づくりのルールを提示し準備委員に理解させる。なぜこのようなシステムになっているのか丁寧に説明し理解してもらうが，場合によっては準備委員の意見を聞いて一部を変更することもあり得る。ただし，変更する点は最小限にし，基本的に「学級のルールは担任が決める」というスタンスで臨む。

　決め方のルールが準備委員内で共有されたら，準備委員は，学級の一人ひとりの人間関係やリーダー性，面倒見のよさなどを考慮して班を確定していく。担任はここでは付かず離れずの距離で見守り，気になる生徒の名が上がったときには「○○は大丈夫？」とか「○○君と△△君は一緒でOK？」などと意図的に質問して配慮を求め，ときには「こうしたらダメかなぁ？」と担任の思いを込めたアドバイスをしていく。

　当然，5月下旬の旅行的行事の自主研修や諸活動もその班で行うことに留意させ，これでどの班も楽しく活動できるか，リーダー生徒の偏りはないか，

2章　90日間システムで必ず成功する堀　裕嗣の学級開き・授業開き

不公平感を抱かれないかなどを深く考えさせながらさせながら作業を進める。

　委員が別々の班になることで，委員は各班を代表して確定作業に参加することになり，結果的に一緒になりたい人，仲のいい者が集まった班がつくられていくことになる。

❷学級全員の承諾を得る

　準備委員会で固まってきた原案は，学級全員の承諾を得て確定となる。全体の班構成を学級に提案し，疑問点があれば質問を受ける。そうやって，疑問点を一つずつ解消していき，質問・意見が出なくなったら承認・非承認を投票してもらう。もし，非承認の場合には，どこがだめなのか，どうすれば改善するのかを記入してもらい（これをしないと，変更したら非承認の人が増えてしまったということが起こる），全員の承認に至らない場合にはこれを繰り返す。全員の承認にこだわるのは，他人任せ，他人のせいにさせないためであり，承認した責任を負わせるためである。

　また，場合によってはなかなか全員の承認が得られず，班づくりがＧＷ前にまでなってしまうこともあり得る。準備委員は疲れてくるが，同時に学級内にも「このままではマズイんじゃないのか…」という空気が生まれ，個人的な感情よりも全体の利益を重視しようという一体感がでてくる。

❸それでも学級全員の承諾を得られない場合

　このようになってしまった場合，準備委員は学級全体の承諾を得られない理由を自らにベクトルを向けて考える必要がある。つまり，準備委員側が学級全体の利益よりも個人の感情を優先してしまったのか，それとも，特定の生徒が個人的な好き嫌いに執着して事態が進まないのかといったことを判断し改善していかなくてはならない。また，担任は準備委員と学級全体の意見の食い違いを冷静に考察し，それぞれに事態が進捗するような着地点を模索・提案していく。

　理由が前者の場合は，再度準備委員に求められる役割や心構えを説き，自

分たちが置かれている立場を理解させる。もちろん事前に情報収集に努め、準備委員の内部に課題がある場合には、時間をかけて硬軟織り交ぜて変容を促していく。

理由が後者の場合になることはそうそうないと思われるが（そもそも結果的に好きな者、好みの者同士が一緒になるようなシステムになっているため）、万が一そうなってしまった場合は、前述したようにどこをどのようにしたいのかを確認し、できる範囲でその要望を実現してあげるように努める（しかし不条理な要求には、話を聞いた上ではっきりと不可能と伝え、駄々をこねれば要求が通るといった空気を断ち切らねばならない）。

5 準備委員会のその後

せっかく選んだ準備委員会に、その後も学級づくりに参画させ続ける方式もある。

準備委員の任務は委員長・副委員長などの学級組織が固まり、班活動や係活動・委員会活動が順調に機能し始めた段階で終了するが、準備委員を委員長・副委員長・書記・議長などの学級役員とリンクさせる形で残していく。

この方式のプラス面は、その後学級で問題が発生した場合、特に班編成の際の人間関係にその問題が由来している場合、班の構成を決めた準備委員がそのまま学級役員というリーダー的立場にあるために、問題解決のためのリーダーシップを発揮しやすい、原因に対して責任ある対処をしやすいということがある。

また、この方式のマイナス面としては、リーダーとして活躍する生徒が限定されてしまい、多くの生徒の活躍する機会を狭めてしまうということが挙げられる。

いずれにしても、年度当初のシステムなので、後期若しくは二学期以降に変更することも可能であり、その学級にあった方式を模索していけばよい。

（高橋　勝幸）

最初の7日間　学級のシステムを確立させる

システム5
仕事内容に配慮して係分担を行う

1 係活動は「1人1役」

　学級を運営する上で，係活動を班やグループに担当させるシステムは効果的とは言えない。学級の仕事を小さく細かく切り分けて生徒と同じ数の係をつくり，生徒1人に一つずつ仕事を任せる「1人1役」のシステムが望ましい。1人1役システムの係活動は，学級をうまく機能させるツールとなる。

❶1人1役のメリット
　1人1役の主なメリットは，一人ひとりの生徒が全く別の仕事を受けもつことで，責任の所在が常に明確になることである。係の全仕事チェックリストと担当者名とを掲示しておけば，その係の仕事がなされた否か，誰が責任を問われるのかをいつでも誰でも把握することができる。
　例を挙げて説明しよう。ある学級で飼っている亀の「お世話係」を，4人で構成されるグループに担当させることになった。この時点では，1人1役にはなっていない。4人は，お世話係の仕事を分担しておくように，と指示された。問題なのは，分担のプロセスである。そこには，必ずと言っていいほど生徒同士の力関係が発生してしまう。亀が病気になったり，死んでしまったりしない限りは一見それでも問題がないように見えるが，そこまでの過程にヒドゥン・カリキュラムが潜んでいることが問題なのである。分担が不平等に決められ，自分の好きな仕事をする生徒と面倒な仕事を押しつけられた生徒に分かれた瞬間，係活動の形骸化が始まり，学級の土台の一部が徐々

に揺らぎ始める。

さて，4人の中で分担は決まった。しかし，担任を含めて他生徒が4人の分担内容を把握しなければ，それも問題である。分担内容が口頭だけの共通理解であればよりどころはなく，システムが敷かれていないのと同じである。

1人1役にしてみよう。お世話係は，①水を取り換える係（毎朝8：20），②1回目のえさ係（中休み），③飼育ケース清掃係（昼休み），④2回目のえさ係（「さようなら」の直後），の四つに分けられ，それぞれの生徒が一つずつ担当する。仕事を終えたら，お世話チェックシートの①〜④に○をつけていく。翌週以降は，①→②，…④→①とローテーションするシステムも決めておき，それ以外の仕事の放棄や勝手な仕事交換などは当然ルール違反となる。①〜④の仕事をお世話係の中で気づいた人がやる，もしくはチェックシートに○がついていないことに気づいた別の係の生徒がやって，とにかく亀の世話がされていればよいという意識では係活動は機能しない。一人ひとりの責任は押しつけあうことができない。ジグソーパズルのピースをはめるような形で，学級のために一人ひとりが自分の仕事を全うして初めて学級が回っていくこと，学級全体が自分の仕事ぶりに目を向けていることを身をもって体験する。このことが責任をもって行動できる生徒の育成に繋がっていく。

❷どう決めるか

年度当初，学級の生徒数が決定した段階で担任は係作りを始める。仕事量の多少や責任の軽重を全く同じにすることは不可能だが，少なくとも1学期用の係はなるべく均等にすることが重要である。係が決まれば，担当する生徒を担任が決められる場合もある。しかし，この係にはこの生徒を，と担任が判断できるような根拠がない状況も大いにあり得る。引き継ぎ資料があるだけでは，特性のわからない生徒が多く，成否をイメージすることが難しい。

中学1年の4月であっても，私は係決めを議長と副議長に任せ，決め方から話し合わせる。議事が座礁しそうなときには，担任がアクセルを踏み，流れにブレーキをかけて，案の再考を求める。しかしどの生徒にとっても不公

2章　90日間システムで必ず成功する堀　裕嗣の学級開き・授業開き　145

平がなければ，立候補でもジャンケンでも1学期の係にはゴーサインを出す。

2学期，もしくは後期以降は，リーダーも不登校生徒も支援を要する生徒もはっきりしている。新たな係決めをする前に，あらかじめ担任が係の一部を決めておくのも一案である。その場合，担任がなぜそのように決めたのかを学級の生徒たちに説明することを忘れてはいけない。学級全員から承認を得ることが重要である。どんな小さなことにも学級のすべての生徒を巻き込まなければ，所詮すべては他人事で，自分のこととして受け止めない生徒を次から次へと生み出すことに繋がってしまう。

2 係活動のゴールイメージ

❶二つのモデル

学級の生徒全員が同じように係の仕事を全うできれば理想的かもしれないが，現実はそう上手くいくものではない。右のモデルをご覧いただきたい。一つのマスが一つの係だとすると，色で塗られている部分の面積が，その仕事が遂行されている割合である。100%できる生徒がいる半面，不登校生徒や毎日登校しているが仕事をしない生徒のところは全く色が塗られていない。もともと，学級に必要十分な仕事が分配されているので，色が塗られ

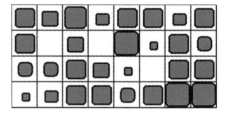

機能していないモデル

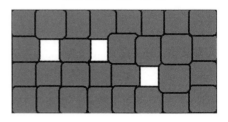

機能しているモデル

ていない部分の仕事は担任がせざるを得ないことが多いだろう。しかし，それでは係活動の意味がなくなってしまう。

仕事をスタートさせる前に，生徒には係活動のゴールイメージを徹底させる。悪い例といい例のモデルを全員にイメージさせることが必須なのだ。係

活動のゴールは，自分の仕事，つまり自分の陣地を一回りはみ出して仕事を行うことである。仲間が欠席したり，仕事を忘れたり，できたつもりでも基準が低すぎたりする場合は，100％でなくともできるだけカバーすることまでが自分の係の仕事であることを認識させておく。「適当に」カバーさせるのではなく，1人1役のすべてにサポート役をあらかじめ設定し，担保をつける方法もある。いずれにしても徹底したシステムを敷いてスタートすることが，成否のカギである。

❷仕事内容に配慮する

　1人1役の仕事は，学級に必要なすべての仕事を小さく細かく切り分けると書いたが，生徒の特性や個性を活かせるようなバリエーションをもたせることもポイントである。私の学級では，給食の献立を朝の学活で発表する係が月曜担当から金曜担当まで5人いる。朝，登校したら，教室に掲示している給食カレンダーからその日の献立を切り取り，魚の名前や「温州みかん」など読み方が難しい漢字を朝のうちに確認しておく。朝の学活で日直から，「○○さん，今日の献立をお願いします」と言われたら，「今日の献立は，あさりの炊き込みご飯，鱈フライ，わかめの味噌汁，牛乳です」と発表する。出番はものの10秒で終わってしまうし，人前で話すのが苦手な生徒や場面緘黙の生徒はこの係に向いていないと思われるかもしれない。しかし，人前で話す力をつけるには，週に1回でも朝の学活で10秒の発表を行うことは確かな積み重ねとなっていく。他にも，「教科係」は，教科担任に次回の授業の持ち物や小テストの有無などを確実に聞き，メモをしておかなければならない。誤った情報や適当な記入は，忘れ物の嵐を呼び，学級全体に迷惑をかけることになる。この仕事内容に合った生徒を選ぶか，あえて責任をもたせて仕事に挑戦させるかは担任のさじ加減である。仕事にバリエーションをもたせ，各生徒のゴールイメージに沿って1人に一つの係を分担させることが成長のカギなのである。

（高橋　美帆）

最初の7日間　学級のシステムを確立させる

システム6
席替えのルールを徹底する

1　運に任せた「くじ引き」でやる時代ではない

　席替えは，生徒にとって今も昔も一大イベントだ。しかし昨今，席替えは生徒だけではなく，保護者にとっても大きな関心事となってきている。
　「あの子の隣になったら，うちの子は嫌な思いをするのではないか」「あの子の隣になったせいで，うちの子の成績が下がった」
　そういったクレームにつながりかねないのが席替えだ。それだけ生徒と保護者双方にとっても大いに関心のある教育活動であり，担任にとっても今後の学級経営のやりやすさに大きく影響を与えるものなのだ。にも関わらず，席替えをくじ引きで行っている学級も多くあるだろうし，我々自身も子どもの頃，くじ引きによる席替えを経験したのではないだろうか。
　しかし，座席のせいでうちの子が不利益を被ったなどというクレームが保護者から寄せられた場合はどうするだろうか。「くじ引きですので，運です。長くて2ヶ月なので我慢して下さい」という説明をしたところで，生徒や保護者の納得や理解を得ることが可能だろうか。すべての教育活動には意図と説明責任を要する。今はそんな時代なのだ。席替えも例外ではない。
　席替えに限らず，学級経営で行うすべての事項に関しては，できるだけ偶然性を排除しなければならない。念を押すが，すべての事項にである。生徒にも保護者にも担任の明確な意図を説明できることが大切である。席替えに関するルールについても同様であり，ルールとして敷いた以上は，そのルールを1年間徹底する必要があるのである。しかし，留意しておかなければな

148

らないのは，担任が敷いたルールだから絶対だという姿勢で押し通すだけで
はいけない。生徒にも保護者にも席替えで配慮してほしいことがあれば事前
に申し出るよう伝え，担任自身が入念な情報収集をしておけば，今後の学級
運営をスムーズに進めるための一助にもなるのである。

2 担任と学級のリーダー（班長）の話し合いを通して決める

　席替えをくじ引きで行わないとすれば，どのような方法に教育的効果があ
るだろうか。私は班長会議による話し合いによって席替えを行う方法が最も
よいと考える。年度当初，班長に立候補する生徒が必ずしも良識的な判断が
でき，学級誰もが認める者とは限らない。ときには今までに何度も自分の思
いを突き通してきた者がなる場合もあるだろう。

　しかし，そういうタイプの子に「学級のリーダーである」という自覚をも
たせ，他者との折り合いをつけることの大切さを学ばせたり，学級に貢献し
ているのだという成功体験を味わわせたりしていくことにも，学級経営の面
白さがあるのではないだろうか。担任の思いを語りつつ，半年（１年間）か
けて班長を成長させたいものである。

3 三つルールを学級に説明し，１年間絶対に変更しない

❶班長からの情報を有効活用する

　席替えはくじ引きではなく，班長会議の中で決定している学級もけっこう
多い。しかし，班長たちが自分たちの都合のいいように決めているような状
況はないだろうか。班長たちが自分勝手に決めているようでは，くじ引きで
決めるよりもたちが悪い。班長会議で決めるときには，できるだけ詳しい情
報を担任と班長で共有することが大切である。

　「A君は目が悪い」「BさんとCさんは小学校時代からすごく仲が悪い」
「交流学習のことを考えると，E子の隣はF夫にした方がよい」など，担任

2章　90日間システムで必ず成功する堀　裕嗣の学級開き・授業開き　149

教師が把握できていない情報を得ることを班長会議の主たる目的とし，そこで得た情報を座席や班編成に反映させる。その中で優先順位を付けつつ，班長の意志を尊重しながら，最終的に担任が決める。そして，決定する際には「なぜこの座席配置にするのか」を各班長に説明させるとともに，班長の行き過ぎたわがまま等がないか，学級の仲間からクレームが出ないかを検証しながら決定していくことになるのである。

❷特別な事がない限り，前回と同じメンバーを近くに配置しない

班長といえども人間である。仲の良い者とずっと近い席に座っていたいものだ。席替えが行われたはずなのに，よく観察してみると，半分程度しか入れかわっていない。しかも，班長の隣は変わっていない。これでは他の生徒から不満が出るのも時間の問題だ。

座席は少なからず班と連動している。班と座席を決めるために，班長たちは放課後の自分の時間を犠牲にしている。ときには日をまたぐことさえあり，班を決めるのに数日を要するケースさえある。班長は他の生徒が見えないところで自分の時間を犠牲にしているのに，他の生徒から文句が出てしまっては班長のなり手も減ってしまう。特に2回目以降の席替えにおいては，このルールを徹底し，公平さが担保されているというメッセージを学級全体に浸透させなければならない。

❸男女がクロスする配置とする

男女の仲がいいクラスになってほしいと担任なら誰しも願う。しかし，実際の教室では同性同士が並んでいる座席も見られる。男子の人数が女子よりも少ないのに，男子同士を並べたら，自然と女子同士が並んでしまう。これではもったいないと言わざるを得ない。

合唱コンクールや体育祭，旅行的行事など，教育活動の中には男女の仲が良い方が成功裏に終わるものがけっこうある。学級担任としても，日頃から男女が分け隔てなく仲が良い方が教育的効果が高いと考えているはずだ。4

月の学級開きでは，男女仲の良いクラスを目指したいと，担任も生徒も考えている。なのに，席替えのルールにその思想を反映させないのは，非常にもったいないことである。例えば，次のような指示をしたときの生徒の動きをイメージするといい。

「隣の人と相談しましょう」「前後の人と会話してください」「前後で向かい合って，四人グループの形になってください」このような指示がされたとき，男女がクロスする配置だと自然と異性との交流が行われることになる。同性同士を隣の座席にしてしまっては，男女間の距離を縮める絶好のチャンスを逃してしまっているのではないだろうか。

それだけではない。男女が隣り合わせになるというルールで席替えを実施している学級と，そのようなルールのない学級では，規律という観点において明らかに異なる点があるように感じている。私の経験の範囲内で，データがある訳ではない。しかし，このルールがない学級では，教師が説明している途中で，女子同士のおしゃべりが発生したり，筆談をしたりするケースが多いと感じている。男子同士が隣合わせの場合も同様である。

4 男女バランスが悪い場合の特別ルールを設定する

現在，私が担任する中学2年生は，男子12名，女子22名という編成である。数年前は，男子21名，女子13名という学級を担任した。こういうときの人数比率では，男女クロス方式を採用することはとても難しい。

そのような学級を担任したときは，「4人グループになる際に，必ず少ない方の異性が1人以上含まれるようにする」というルールを設定している。対話的な学びをする際にグループ交流が一つの手段として採用されている昨今，同性4名が一つのグループになることがないように配慮したい。

人間関係に配慮するリーダーを育てるとともに，できる限り多くの仲間と関わらせ，自然と男女が仲良くなれるための席替えのルールを1年間徹底することが，安定した学級経営につながるのである。　　　　　（友利　真一）

最初の7日間　学級のシステムを確立する

システム7
机間巡視・小集団交流を念頭に座席を配置する

1 交流の価値を最大化する

　小集団交流の最大のメリットは自分とは考えが異なる者との交流を通して，自分の考えを広げたり深めたりできるという点にある。しかし，現在の子どもたちは放っておけば似たような考えの者同士でしか交流しない。さらに中学校では，教科担任制のため，小集団交流のグループのメンバー決めにおいても，機械的に座席が近い者同士をメンバーにすることがほとんどであろう。よって学級担任としては小集団交流がやりやすく，かつその効果が最大化できるような座席配置を考えておく必要がある。

　具体的には私は座席を必ず偶数列に設定し，男女がジグザグに並ぶようにすることを年度当初に教師主導で決めてしまうことにしている。要するに前後左右が異性，斜めに同性がくるようにするのである。これには以下のような意味がある。

　縦を偶数列にするのはペア学習を容易にするためだ。簡単な意見交流程度なら「隣同士で交流しましょう」の一言で済む。これが奇数列だと，ペアを作る上で1列余ってしまうことになり，なかなかペアでの交流がやりづらい。しかも男女をジグザグにすることによって，隣同士が基本的に男女の組み合わせとなるため，男女がペアになり，異質な者同士の交流になりやすい。特に中学校の場合，何も手を打たないでおくと，男女の垣根はどんどん高くなるため，簡単なペア交流は男女で交流できるようにしておくとよい。さらにこの男女ジグザグ方式をとっておくと，座席が前後の者同士のペア交流にお

いても男女をペアにすることが可能となる。これによって，学級の中で男女が交流することに慣れ，男女の交流への抵抗感をなくしていくことができるのである。

　このジグザグ方式は４人以上での交流においてさらにその効果を発揮する。例えば座席が近い者同士で４人のグループをつくった際，必ず男女２人ずつのグループをつくれるのだ。しかも同性が斜めに座ることになるので，意見を交流する際，同性同士で会話をしても斜め方向に会話のキャッチボールが繰り広げられるため，これが傍観者を生みにくい仕掛けとして機能するのである。これを同性が正面にくるように並ばせてしまうと４人グループをつくっても男同士，女同士のペアになってしまい，４人の会話が分断されてしまいやすい。同性を斜めに配置することで４人全員が話題に参加しやすくなり，多様な意見が交わされやすくなるようにするのである。

　年度当初から座席配置を工夫し，前述のような仕掛けをすることで，考えの異なる者，普段はなかなか交流しないような者との交流を繰り返し経験することができる。実際にやってみるとわかるが，自分とは異なる考えの者と交流する価値は，繰り返し経験した者の方が理解できるものである。交流の回数を重ねるごとにその価値を理解し，交流自体の質も当然高まっていく。年度当初にこのような仕掛けを打つことこそが，１年後の学級の交流の違いとなって表れるであろう。

2 机の並べ方にも気を配る

　小集団交流の大まかなルールをつくる上で見落としがちなのが机の配置である。ペア学習では通常，互いの机をきちんとつけることが基本となるが，このパターンだけではなく，交流の内容によって，より交流の効果が高まるような机の並べ方についても考えておきたい。

2章　90日間システムで必ず成功する堀　裕嗣の学級開き・授業開き　153

❶机の数を変える

　例えばペア交流において，ノートや模造紙などへのメモを必要としないような交流場面では机一つだけを挟み，互いの距離を近づけることで，子どもが話し合いにより集中しやすくなる。これは3人以上での交流でも同様だ。例えば4人や6人でグループをつくる際，机二つの周囲に全員が集まるようにすれば，全員の机をつけるよりも距離が近づき，より互いの話を聴けるようになる。さらに国語の音読練習や英語の会話練習などでは机を挟まず，直接向き合うことでさらに距離を近づけるといった工夫もできるであろう。

❷欠席時のルールも決めておく

　5～6人グループで，座席がグループの真ん中の生徒が欠席したような場合には，その席を詰めるなどのルールづくりも年度当初のうちに決めておきたい。これは欠席生徒が出た場合に，空席をランダムに埋めてしまうことで，交流が活性化するような座席配置の工夫が台無しになってしまうことを防ぐためだ。またこれによって，仲の良い者同士が，空席ができたのをいいことに，勝手に座席配置を自分の都合のいいようにすることを防ぐこともできる。

❸模造紙にまとめる

　グループでの話し合いをグループでまとめるような場合には，同じ高さの机を並べる。さらに模造紙に全員が積極的にアプローチできるよう，グループ内での立ち歩きを積極的に認めるようにする。これにより，まとめを書きやすくなるだけでなく，生徒同士の距離が近づき，交流が活性化するという効果も生まれる。

　このように活動に応じた机の動かし方まで教師側である程度のパターンを決めておくことで，小集団交流が教師の意図したものに近づき，また交流の効果もより高いものとなる。

3 気になるあの子に二度会える

　机間巡視では当然個別指導を要する子どもへの指導が中心となる。しかしこの机間巡視における個別指導は内容面で大きく二つに分けられる。一つは作業の指示が理解できていない子どもへの指導，もう一つは指示は理解できているが，行き詰まっている子どもへの指導である。

　この二つの指導内容のうち一つにしか課題を抱えていない子どもについては一度の机間巡視でよい。問題は指示が理解できず，理解できたとしても作業も滞りそうな子どもだ。

　このタイプの子どもについては，全体に作業指示を出し，質問を取ったあと，なるべく早めに個別指導ができるよう，前側の座席に配置したい。次にその子の座席をスタート位置にし，教室全体を効率よく１周できるように机間巡視の基本コースを決めていく。このとき，机間巡視のスタート地点とゴール地点を同じにしておく。こうすることで全体の様子を見て回った上で，最後にもう一度その子のところを通れるので，作業の進行状況を再確認し，さらに作業の手助けをするための個別指導が可能になるというわけである。あとは他にも机間巡視のコース上で二度アプローチできるようなところに，他の個別の支援を要する生徒を配置していけば，タイトルの通り，「気になるあの子に二度会える」ようになる。

　もちろん年間を通して同じ座席というわけにはいかないだろうが，少なくとも年度始めにはきめ細かい個別指導ができるように座席を配置しておきたい。そうすることでどの生徒ももっている，新学期を迎えたやる気を活かせるようにしたいものである。

　子どもの特性がある程度把握できてきたら，やんちゃ傾向の男子生徒の側に面倒見のいい女子生徒を配置したり，パニックを起こすことのある子の側には大柄で優しい男子を配置したりするなど，生徒同士でケアできる環境づくりも可能となるだろう。

（髙橋　和寛）

最初の30日間　学級のルールを定着させる

生徒の視覚に訴えながら，考える集団をつくる

1 学級システムを理解させるには最初の1か月が勝負

　学級の人数は30数名。学級全員が仕事を一通り経験するには30日程度が必要となる。よって，最初の1か月で「どのような仕事があるか」「どういう流れで動けばよいか」を徹底させることが大切である。この間にルールと仕事を徹底させることができれば，担任が不在になっても生徒たちが自主的に動けるようになる（私は「考える集団」と呼んでいる）。そのためには，学級開きまでに教師がどのような手立てを講じるかが大切である。

2 ルールは物を使い理解させる

　生徒を「考える集団」にするためには，「始業式（入学式）までに必要な物を作り上げること」「年度当初に細やかな配慮をすること」が大切である。

❶生徒活動マニュアルを作成する

　マニュアルは学級の日常活動を1冊にまとめたものである。「学級係組織」「日直要領」「教室清掃要領」「給食時間の約束」で構成される。学年が統一したルールで指導をしている場合は，最後に「学級独自ルール」を入れる。
　マニュアルは，入学式翌日の学活で使用する。とは言っても，生徒が読む時間と質疑応答の時間を設定し理解させるだけだ。その後，マニュアル通りに実際に動いて身体で覚えてもらう。マニュアルは教室で保管し，新しいル

ールができたときに，すぐにファイリングできるようにしておく。ルール違反が発生したときには必ずマニュアルを見せながら指導する。これは生徒が「初めて知りました」ととぼけるのを阻止するためである。

❷当番活動掲示物を作成する

掲示物は，「仕事の流れ」「誰が担当か」を理解できるものを作成する。当番は，月に1週（1日交代ならば週1回）程度である。次回の当番時に覚えている保証はない。「担任がついて教えればよい」と思うかもしれない。しかし，それではいつまで経っても「考える集団」にならないし，外勤や指導等で担任が不在になることもある。

掲示物は仕事分担を理解させ，スピードアップを図るためだけではない。掲示物によって，学級全員が今日の担当を見られるようになる。学

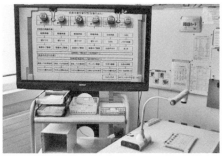

級に気の利く生徒がいて，当番を忘れている生徒を見かけたときに声かけをしてくれるかもしれない。

私は，作業内容（上）を紙に印刷し，ホワイトボードに貼り付けたものを掲示物としている。そこに，生徒氏名入りのマグネットを貼り付ける。これで，仕事の流れと担当者が一目瞭然になる。すべての道具が百円ショップで手に入るのもメリットである。教室に実物投影機が設置されているならば，テレビに映し出すことで，さらに見やすい掲示物となる（下）。

2章　90日間システムで必ず成功する堀　裕嗣の学級開き・授業開き　157

❸係活動用掲示物を作成する

　係活動も責任の所在が明確になる掲示物をつくることが大切である。

　一般的には，学活の時間を使い，班毎に一つの掲示物をつくることが多い。しかし，「画用紙に小さく名前を書くだけの見にくいポスター」「暇になってペンでお互いにいたずら書きを始めて遊ぶ生徒」に困ることがある。どうすればこの不満が解消できるのか。

　解消する一つの方法として，次の方法で掲示物をつくり，係ポスター代わりにするのを提案してみたい（右上写真）。

　①教師は係と担当者名が大きく書かれたプリントを用意する。（担当者名は，写真ではぼかしてあります）

　②生徒は係と担当者名に色を塗る。余白にイラストを描くのも自由。

　③②を係毎に異なる色画用紙（班長は緑，など）に貼り付ける。

　④完成したものをクリップで挟み掲示する。

　この方法は一人一つの掲示物をつくるので，暇をもて余す生徒がいなくなる。早く終わった生徒には，班表示や係表示をつくらせることで時間の調整もできる。また，この掲示物は「班ポスターと係ポスターの２種類をつくる必要がない」「クリップで挟んでいるだけなので班替えをしたときに，すぐ取り換えることができる」ことも利点である。

❹欠席者・紛失者への配慮

　学級活動に関する説明が多い新学期当初。たくさんのプリントを使って説明することもあり，この時期の欠席はルールを定着させる大きな障害となってしまう。欠席生徒がいる場合は，昼休みなど時間をとって個別に話すことをお勧めする。ルール定着だけでなく，年度初めの提出書類を揃えるためにも役立つので，面倒でも１枚ずつ説明をするのが望ましい。

また，プリントの不足を防ぐために欠席者用のファイルケースを学級に用意しておくとよい。近くの生徒がプリントをケースに入れ，帰りに担任に提出するようにしておけば，掃除中に紛失という事態を防ぐことができる。

　それでも紛失してしまうこともある。そのときのために，プリントの予備を集めておく場所をつくっておくとよい。必要になればそこからプリントを探し，コピーをとって渡す。生徒には理由とともに絶対に触れてはいけないことを指導しておく。

3 当番を公平に取り組むために

　私の学級では，全員がすべての仕事を経験するまでは，班ごとの当番活動ではなく，出席番号順に仕事を振り分けている（下図）。

	仕事A	仕事B	仕事C	仕事D	仕事E	仕事F
4／9	1	2	3	31	32	33
4／10	2	3	4	32	33	34
4／11	3	4	5	33	34	35
4／12	4	5	6	34	35	36
4／13	5	6	7	35	36	37

（男子の出席番号を1～，女子の出席番号を31～とした場合）

　これは，「当番活動を公平に取り組ませるため」の手立てである。大人であっても，面倒な仕事はできる限り避けたい。それが，子どもなら尚更である。「量の多少で文句を言われる盛りつけ作業」「水が冷たい・雑巾の生乾き臭が嫌で触りたくない水拭き作業」がその代表例である。担当を自由に決めさせると，学級内での地位の高低を利用し，「自分のしたい仕事だけをする」「仕事Cは面倒だから交代して」とわがままを言う生徒が出てくる。ローテーション化することでこのようなトラブルを回避する。

　この時期は短学活の最後に当番（朝は給食，帰りは清掃）を呼び，仕事内

2章　90日間システムで必ず成功する堀　裕嗣の学級開き・授業開き ┊ 159

容を確認させるとより効果的だ。当番であることを自覚させることだけが目的ではない。「前日の担当者が説明をし，動きを再確認する」「生徒同士のコミュニケーションをとるきっかけ」にもなる。この流れを定着させることができれば，教師の仕事は当番が指示通りに動けているかどうかを観察するだけとなる。

　全生徒が当番を一通り経験したら，担当を1週間交代の班体制に変える。旅行的行事が近づき，班員同士のコミュニケーションも必要になるからだ。当番初日は，短学活で当番全員を呼び，掲示物を使いながら担当を決める。

　①担任が当番のマグネットを袋に入れる。

　②班長がマグネットを一つ取り，当番表の仕事Aに置く。

　③同様にして，仕事B～Fの担当者を決めていく。

　たいてい，班長はみんなから一目置かれる存在である。大きな文句が出ることもない。出た場合も教師が「抽選だから仕方ないでしょ」と言って終わりである。翌日はマグネットをA→B，……F→Aへと移動させる。

　この期間は，「当番キャンペーン」を開催するのもよい。班対抗の遊びにすることで，当番の速さ・正確さを上げていくのである。優勝班にはおかわり優先や席替えで好きな位置を選べるなどの特権を用意すれば，思った以上に生徒は乗ってくる。

4 係は新年度にリセットさせる

　係活動は前学級での方法を当然と思っている。学級に整備している物も異なるので，当番のように学年で統一するのも難しい。よって，係を決めるときに仕事内容を丁寧に説明するのが望ましい。また，すべての係が教科連絡のように毎日仕事があるとは限らない。この時期は，毎回担当者に仕事内容を確認する方がよい。例えば，「教室の電気管理」という仕事があったとする。教室の移動がある日には，朝学活で「電気管理係は誰だっけ」「はい私です」「今日の3時間目は教室を移動するので，電気を消してね」と確認す

160

る。全体の前で確認するのは，担当者が忘れていたときに，周りの生徒から教えてもらえることが期待できるからだ。

きちんと仕事を全うしたときには，「ありがとう」と伝え，しっかりとほめる。忘れていたとしても，「あーあ，電気代が無駄になった。次は頼むぞ〜」とからかう程度ですませてよい。誰だって，忘れ物の一つはする。何度も仕事忘れが続くようであれば，係の仕事の大切さについて再度説明し，改善を促せばよい。

5 マニュアルにないルールは

そもそもマニュアルは，必要最低限の基本的な内容しか書かれていないのが普通だ。30日もあれば，マニュアルにない事態が起きるのは当然である。このときは焦らずに「学年で統一する必要があるかどうか」を考える。

「チャイム席」のように学級だけでは対応できないものは，「先生では決められないから，他の先生に聞いてみるね」と正直に話す。その後，朝の打ち合わせや学年会で提案し対応を決めればよい。

「給食のおかわり」のように学年で統一する必要がないルールの場合は，そのときは教師がその場で考え，学級に声かけをする。ただし，途中で変更しないようによく考えて決定することが大切である。また，学活を開き，学級でどういうルールにするのかを考える方法もある。「自分たちが学級をつくっている意識を高める」「自分たちが決めたルールなのだから，守ろうと努力をする」という二つの効果が期待できる。もし，ルールが守られなかったときは事情を話し，教師が決めたルールで動くように変えればよいだけである。

決定後はマニュアルに新ルールを追加する。面倒かもしれないが，始めから細かく設定したところですべて覚えるのは不可能だ。ルールをすべてつくっておくよりも，学級の実態に即してルールを増やす方が生徒は理解を示すものである。

（山﨑　剛）

最初の90日間　授業のルールを定着させる

全員参加に向けた授業のＵＤ化を目指す

1 教科担任制の特質

　最初の90日間のねらいと目標は，堀によって以下のように説明されている。

> ・授業のルールを定着させ，システム化する。
> ・各教科の授業システムを確立する。教科連絡，発言の仕方，ノートの取り方，提出物の提出の仕方等々，細部まで徹底的に指導し定着させる。

　中学校は教科担任制である。小学校に比べると，教科指導の専門性がより深く，そしてより高くなる。しかし，学級の実態や教科性に応じて，変化や修正を余儀なくされるのも中学校における教科指導の特質の一つである。
　例えば，素直な生徒が多く教師の指示が染みこむように徹底できるクラスもあれば，反抗的なリーダーが好ましくない雰囲気をつくり教師の指示が通りにくいクラスもある。また，発達障害傾向の生徒が多く個別な対応に追われて一斉の指示が通りにくいクラスもある。
　これに加えて，教科性の問題も影響する。教室でじっと座ったまま教師の説明を聞く国語や数学，社会のような教科もあれば，特別教室で実験や実習がともなう理科や技術・家庭のような教科もある。保健体育に至っては，クラスが合流して男女別に実技を行うのが日常である。
　こうした実態を踏まえて，各教科の授業に共通する「ルールやシステム」

を細部まで徹底的に定着させることが90日間の主たる目的である。

2 授業のルールとシステム化

　教科担任制の特質を踏まえ，まずはどんな教科にもあてはまるような汎用性の高いルールとシステムを取り入れたい。そのためには，**授業のUD化（ユニバーサルデザイン化）**を目指すこととする。以下に，全員参加を保障する具体例として五つのポイントを示す。

❶授業時間の構造化

　１年生を担任する場合，小学校との時間感覚のずれを理解する必要がある。これは授業時間が45分から50分に長くなることだけではなく，教科担任により，授業時間の始まりから終わりまでの使い方に差が生まれる意味でのずれを指す。ある教師は休み時間のうちから教室に入り，チャイムと同時に授業を始める。ある教師はチャイムを無視して授業を続ける。またある教師は授業パターンが毎時間一定していない。さらにある教師は，一方的な講義調でのみ進め授業の中に思考や判断・表現を取り入れていない。こうした教師の時間感覚のずれが，少なからず生徒の学習意欲や定着度に影響を与える。生徒の学力の保障に加え，休み時間を保障する意味においても授業時間を厳守し，50分間の使い方を次のようにパターン化したいものである。

①課題提示・見通し　　　　　（5分）	※④の小集団交流は③の中心
②指導事項の確認　　　　　　（20分）	課題を解決するために，ペ
③中心課題の提示　　　　　　（5分）	アやグループを用いる手法
④③に関する小集団交流　　　（10分）	のことであり，主体的・対
⑤③に関するリフレクション　（5分）	話的で深い学びへと導く一
⑥③に関する短作文・評価　　（5分）	つの形態である。

2章　90日間システムで必ず成功する堀　裕嗣の学級開き・授業開き　　163

❷授業環境の構造化

　毎時間，忘れ物がない状態で授業が開始できればいいが，そうならない場合も多い。忘れ物の報告に加えて提出物の確認も，教科担任によって対応の仕方はまちまちである。机上に置く文房具や教科書・ノートの配置と整理の仕方も同様である。それも社会に出たときの一つの訓練と言えるかもしれないが，発達障害傾向を含むすべての学級の生徒に向けて，授業に臨むための環境調整を構造化する方が望ましい。

①教室・座席・机上はシンプルに
②忘れ物の報告や提出物の確認は可視化とともに端的に
③配付物には日付や通し番号を
④文房具は必要最小限に
⑤簡潔な指示と取り組みの確認を

❸ノート指導と板書の工夫

　ノート指導と板書の工夫は対応関係にある。最近はマス目やドット入りの罫線ノートを使う生徒が増えているが，行やマス，区切りの位置を可視化しながら丁寧な指導を心がけたい。教師は，生徒の書くスピードを考慮しながら必要十分な板書の量と質を担保する。また，チョークの色使いに配慮し，通し番号や記号の意味，囲み罫線の書き方にも統一感をもたせたい。

　特に，ノートはこれまで板書された重要語句を視写することによって，知識を整理する意味合いが強かったはずである。そのため，女子の多くは美しいノートをつくることを目的としがちとなる。結果，思考や判断のためにノートを活用する，いわば手段としての機能性が薄れがちになる。

　生徒があとから振り返って，思考の過程や足跡が実感できるようなノートづくりを教師は心がける必要がある。ただし，上記のような実態を押さえた上で，ノート点検をこまめに行い，思考の軌跡を明らかにしていきたい。

❹わかりやすい伝え方

　教師の言葉の選び方や伝え方一つで，生徒の授業への取り組みや集中力が増すことは間違いない。以下を参考にしながら教師は自己点検を重ねたい。

①発問・指示・説明を明確に
②①の前に注意喚起で切り換えを
③指示は一時一事で確認とともに
④動詞を最後に，語尾をはっきりと
⑤説明はナンバリングとラベリングで端的に
⑥可視化や比喩を取り入れてイメージ豊かに

❺指名と発言のルール

　教師は思考の過程や足跡を生徒に書かせた上で，それをもとにした発言を取り上げることを心がけたい。とりわけ次に示す三つのパターンを，教師は意識しておく必要がある。

①全員の発言を提示させる場合
　・「ノートに自分の考えを書きなさい」
　・「まだできていない人？」
　・「全員起立してください」
　・「こちらの列から書いたことをその通りに読んでください」
　・「自分と同じ意見が出たら座ってください」
　・「ニュアンスが違って補足したい場合は立っていてください」
②おおまかに方向性を確認する場合
　・「ノートに自分の考えを書きなさい」
　　《＊机間巡視して妥当な列を探す》
　・「まだできていない人？」

2章　90日間システムで必ず成功する堀　裕嗣の学級開き・授業開き　165

・「この列，起立してください」

・「書いたことをその通りに読んでください」

・「なるほど，みんなの意見を聞いていると○○系の考えのようだね」

　《＊揺るがない確認事項としてまとめる》

③主発問として深く検討したい場合

　ア　選択肢を与える ～「○か×か」

　イ　数字で答えさせる ～「どのくらいの時間か」

　ウ　できるだけ短く答えさせる ～「ズバリ一言で」

《＊机間巡視しながら指名計画を立てる》

※指名の原則

　i　正答からかけ離れたもの

　ii　成績上位者の誤答

　iii　成績下位者・中位者の，誤答ではあるが発想法に見るべき部分が
　　あるもの

　iv　成績下位者の正答

　v　成績中位者・上位者の正答

　詳細は，堀裕嗣『必ず成功する「学級開き」 魔法の90日間システム』（明治図書，2012）を参照。

3 授業づくりとメタ認知

　堀は「意欲喚起」「学力形成」「思考促進」の三つがいい国語科授業の条件だと主張する。そのために「変化のある繰り返し」の必要性を強調する。

　前項で述べたことは，それを加工した全員参加を保障するための授業のルールとシステムである。すべての生徒が楽しく，わかり，できるようになるための授業づくりと言ってもいいだろう。ただし，これは口で言うほど容易いことではない。授業づくりと並行して，学級づくりのUD化が重要となる

ことは中学校教師の誰もが感じているに違いない。

　では，なぜ中学校は小学校のように授業づくりと学級づくりを一貫できないのだろうか。教科担任制の特質が主たる要因であることは理解できるが，学校全体とは言わずともせめて学年全体で一貫した指導を心がけたい。なぜなら２，３年生と進級して学級編制をするたびに学び直しからスタートするよりも，統一できている指導が多ければ多いほど，生徒は安心して学級の中で授業に集中できるはずである。それが難しい場合は，少なくとも時間意識とともに授業環境を構造化し，ノート指導や板書，指名・発言のルールといった教師側サイドでできることを統一したい。学級担任個々の力ではなく，学年所属教師全員が「学年担任」という意識で３年間を見通した指導を一貫することによって，初めて授業づくりと学級づくりが並立できることだろう。

　一方で，時代は「主体的・対話的で深い学び」の視点から学習過程の改善が要求されている。知識の量は削減せず，質の高い理解を図るために学習過程の質的改善を目指し，新しい時代に求められる資質・能力の育成をねらいとする。その結果，現場が混乱することは想像に難くない。

　目の前の生徒たちは今を生きている。学ぶべきときに学ばないことや教えるべきことを教えないことが，生徒たちの未来を断ち切ることになりかねない。まずは「変化のある繰り返し」によって，気がついたらいつの間にか身についていたことを実感できるような学力を，生徒全員に保障する責務が私たち教師には求められている。同時に，他者と協働・協調しながら，自らをメタ認知する視点が問われてくる。正解よりも最適解や納得解を導き出すことが必要となる時代に向けて，授業を通して一人ひとりがメタ認知しながら新たな世界観を構築できるような視点を育てていきたい。

　最後に，中学校教師は教科の専門性を生かした授業づくりに大いに自信をもつべきである。ただし，その教科単独ではなく，他の教科や領域とコラボしながらつくるイメージを膨らませていきたい。これにより，カリキュラム・マネジメントとユニバーサルデザインの結びつきが一層深化するだろう。

（山下　幸）

最高の学級開きネタで学級をスタートする

1年　エピソード暗唱で心をつかむ

1 Well begun is half done.（始めよければ，半ば成功）

　中学校1年生の学級開きは，小学校から中学校への橋渡しの日である。最初の学級開きに"しかけ"をつくり，子どもたちの心をつかむことができれば，「Well begun is half done.（始めよければ，半ば成功）」である。入学式後であれば，保護者も見ている中での学級開きである。だからこそ，ちょっと気合いを入れて準備をしたい。

2 安心感と自己肯定感を与える"しかけ"

　中学校1年生の最初の学級開きの"しかけ"として，私は「一人ひとりのエピソード暗唱」をする。その内容は，次の三つである。

❶顔と名前を一致させ，名簿を見ずにフルネームで言える

　小学校の卒業アルバムの（カラー）コピーを使い，顔と名前を一致させておく。生徒にとってみれば，初対面にも関わらず，担任の先生が自分の顔と名前を覚えていることは，驚きと同時にうれしさが伴うだろう。まずはそこから，生徒の心を担任に向けさせる。

❷小学校のときにがんばったことを覚える

　新しいクラスの始まりの日である。生徒も初対面同士。だからこそ，担任

が生徒一人ひとりのがんばりをクラス全体に伝えることに意味がある。一人ひとりの生徒ががんばってきたことを担任が認め，クラスみんなで共有，共感できるようにする。これが，クラス全体にも安心感を広げることになる。

❸自己肯定感を高められるような一言を伝える

最後に，自己肯定感を高められる言葉がけで締める。担任が，小学校でのがんばりは中学校でも役立つこと，これからも必要だと生徒に伝える。そして，生徒に「自分がクラスのために役立ちたい」という希望をもたせたい。

例えば，「○○□□さん。小学校の担任だった△△先生から，読書がとても好きだと聞いています。読書は知識を深めるだけでなく，心豊かにします。クラスのみんなにも，いくつか本を紹介して下さいね」

「○○□□さん。児童会役員として，何事にも率先して動き，活躍したと聞いています。中学校の目標は，自分で考え，自分で判断，行動できるようになることです。クラスみんなもそうなれるように，○○□□さん，ぜひ力を貸してくださいね」

「○○□□くん。小学校6年生のとき，漢字50問テストに向けて家庭学習の量を増やし，2回連続で満点を取ったと聞いています。中学校でも，家庭学習があります。ぜひこの経験を活かして，中学校でも各教科で満点を目指して下さいね。特に英語だと先生もうれしいですよ」などである。

3 「暗唱」を成功させるために

「小学校の卒業アルバム」の（カラー）コピーや「小学校のときにがんばったこと」は，小学校との引き継ぎのときにもらえるように連絡しておくことが大切である。特に「小学校のときにがんばったこと」は指導要録でもよいが，小学校の卒業担任が，その生徒をよく認めてあげていたエピソードだとなおよい。保護者にとっても，小学校とつながっているとわかるだけで，担任や中学校に対しても安心感をもってくれるであろう。　（北原　英法）

2章　90日間システムで必ず成功する堀　裕嗣の学級開き・授業開き　169

最高の学級開きネタで学級をスタートする

2年 縦の関係をつくる「未来日記」

1 保護者や生徒は何を知りたいのか

　始業式の日，帰宅した我が子に保護者はどんな質問をするだろうか。「担任の先生どんな感じ？」と「周りの友達はどう？」の2種類が多いのではないだろうか。学級がスタートする日だからこそ，その集団を構成する「教師と生徒間の『縦の関係』」と「生徒同士の『横の関係』」の2点がまず気になるところであろう。生徒にとっても同様に，この2点を気にして登校するからこそ，クラス編成を見て一喜一憂し，担任の第一声を固唾を飲んで見守る，そんな雰囲気になるのであろう。

2 「未来日記」を書く

❶学級開きの目的

　さて，学級開きの最初の学活。それぞれの先生で目的とするところがあるだろうが，私は，

　①担任のキャラクターを知ってもらう
　②担任の方針を知ってもらう
　③1年後（持ち上がる場合は2年後）のゴールイメージを共有する
　④生徒同士で温かなコミュニケーションをとらせ，安心感を育む

の4点だと考えている。ただ，これら一つ一つに別々の活動を取り入れていては間延びする上に多くの時間をとりすぎて効率が悪い。そこで，①，②，

③の三つの『縦の関係』に関わる活動をまとめてやれないか，という発想で生まれたのが「未来日記」である。

❷「未来日記」の内容

内容は大きく3パートからなり，前述の①→②→③の順で書いていく。それぞれの注意点は以下の通りである。

①→学級だけでなく，自分の家族の未来なども少しふれると親近感をもってもらえる。ここで担任が思いきった自己開示をしておくと後の生徒同士の自己紹介がよりオープンになり，活発化する（父性の強いタイプの先生はここであえて弱みをさらし，ツッコミどころを用意してあげると後々役立つ）。

②→事前の実態把握にもとづいて，クラスで起きそうなトラブルを書いておく。その際に「叱るときのルール」や「イジメが発覚した際の処理方法」などにも触れておくとよい（父性が低いタイプの先生はここであえて厳しい面を宣言しておくことが必要かもしれない）。

③→なるべく具体的に体育大会，学校祭や合唱コンクールの成功イメージを文章にしておく。さらにそれらの行事を通して成長し，修了式を迎えた姿を，具体的行動で書いて終わりとする。

3 読んだあとの活動は？

「未来日記」は，担任が一方的に読むことになるので，生徒との双方向のコミュニケーションにならない。そこで，時間に余裕があったら「未来日記ちゃんと聞いていたかテスト」を実施し，おさらいすると，大切な内容の確認になる。また，それによって楽しい雰囲気の中で生徒と双方向のコミュニケーションをとることができる。さらに，この活動のあとに生徒同士の『横の関係』づくりになるような自己紹介等の活動をして安心感を与えることができれば，生徒と保護者の期待にも合致し，スムーズな学級開きと言えるのではないだろうか。

（河内　大）

最高の学級開きネタで学級をスタートする

3年　笑いを共有することで
　　　学級のスタートに弾みをつける

　1年生であれば，新しい学級に向けて中学校生活への期待と不安で胸を膨らませているものだ。もちろん，3年生だって少なからずクラス替えに心躍らせているだろう。しかし，それとは別に中学校最後の1年間を充実したものにしたいという思いをもつのも3年生の特徴と言える。それは教師にとっても同じだろう。3年生をもつということは，卒業生をもつということ。これまでに卒業生を出した回数に関わらず，学級開きには誰しも肩に力が入るものである。しかし，そんなに力む必要はない。生徒たち自身が最後の学級をいい学級にしたいという思いが強いのだから，教師はその邪魔をしないよう，そっと背中を押せばいいのだ。

1 笑いを共有する

　中学校生活の勝手を知っている3年生は学級開きからの数日間に設定される学級組織づくりなどの学活に余剰時間ができるものである。そこでこのような時間を使って簡単なゲームなどをやってみてはどうだろうか。ここでのねらいは，たった一つ。それは学級全員で笑いを共有すること。笑いを共有することの意味は殊の外大きい。そしてなにより，開いたばかりの学級の印象も自ずと良くなる。私がよく行うのは次の二つのゲームである。

❶「なんでもバスケット」
　中学生には幼すぎるとの向きもあるが，わずかな時間しかない場合でも「なんでもバスケット」なら細かなルールの説明がなくてもすぐに始められ

る。さらに，「なんでもバスケット」は大人数でないと行えないため，「久しぶりだ！」といった生徒が多く，意外に生徒も乗ってくるものだ。

　また，お題によっては「兄弟のいる人」「野球部に入っている人」「実はアニメヲタクの人」といったように，お互いを知るいい機会にもなる。3年生にもなれば，それぞれに知り合いも増えており，いまさら形式的な自己紹介や他己紹介を全員で行うには空々しく思えるのではないだろうか。そういう意味でもうってつけのゲームである。

　このゲームの肝は罰ゲームを何にするのかということ。3回鬼になったら「尻文字を書く」「変顔」「先生のモノマネ」などなど。ここにみんなで笑えるポイントをつくるのである。あまり難しくなく，恥をかきすぎることもなく，かつ笑えるものが望ましい。担任も一緒になって参加し，あえて負けて罰ゲームをするのもありだろうし，必死に負けまいとするのもいいだろう。

❷「お絵かき大会」

　最近はバラエティ番組でも芸術的な（ここではあえて芸術的と呼ぶ）絵を描く芸人やときには野球選手なんかも取り上げられ笑いのネタになっているのでイメージしやすいのではないだろうか。生徒にもけっこう受けのよいゲームである。方法は以下のとおりだ。

　①4人の挑戦者を選ぶ。比較的いじられても大丈夫そうな生徒を選出。

　②制限時間1分で出されたお題の絵を描く。挑戦者以外にお題は秘密。

　③1分経ったら，他の生徒がお題を答える。

　④最後にもっとも芸術的な絵を描いた画伯を多数決で決める。

　察しのいい人はお気づきだと思うが，ここでいう「芸術的」というのは，絵があまり上手ではないということだ（笑）。こういったどうでもいいことでクラス全員がお腹を抱えて笑うことができる。この共通体験が今後の学級経営に大きな助けとなるのである。3年生にはこのくらいの追い風が丁度よい。

（渡部　陽介）

【執筆者紹介】 （執筆順）

赤坂　真二	上越教育大学教職大学院教授
堀　　裕嗣	北海道札幌市立幌東中学校
飯村　友和	千葉県八千代市立高津小学校
佐々木　潤	宮城県石巻市公立小学校
南　　惠介	岡山県美咲町立柵原西小学校
近藤　佳織	新潟県小千谷市立総合支援学校
永地　志乃	奈良県御所市立大正小学校
岡田　広示	兵庫県佐用町立三日月小学校
堀内　拓志	三重県四日市市立笹川西小学校
北森　　恵	富山県富山市立公立小学校
阿部　琢郎	新潟県上越市立春日新田小学校
畠山　明大	新潟大学教育学部附属長岡小学校
髙橋　健一	新潟県新潟市立白根小学校
江口　浩平	大阪府堺市立金岡南小学校
生方　　直	群馬県高崎市立久留馬小学校
松山　康成	大阪府寝屋川市立啓明小学校
松尾　英明	千葉大学教育学部附属小学校
蜂谷　太朗	埼玉県川口市立柳崎小学校
松下　　崇	神奈川県横浜市立川井小学校
浅野　英樹	千葉県船橋市立飯山満南小学校
宇野　弘恵	北海道旭川市立啓明小学校
三好　真史	大阪府堺市立鳳南小学校
細川　順司	鳥取県鳥取市立面影小学校
八長　康晴	東京都多摩市立多摩第一小学校
深見　太一	愛知県豊田市立加納小学校